皇后美智子さま

すべては微笑みとともに

渡辺みどり

平凡社

美智子さまの笑顔

—昭和から平成へ—

『皇后美智子さま　すべては微笑みとともに』目次

表紙／一九九一（平成三）年五月、全国植樹祭（京都府）にて
裏表紙／一九六〇（昭和三十五）年十一月、エチオピアの日本大使館にて（五〇頁）

第3章　祈る皇室から行動する皇室へ
皇后陛下　一九八九(平成元)年即位

序文——変わることのない美智子さまの献身

陛下とともに七週連続で被災地をご訪問

二〇一一（平成二十三）年三月十一日に発生した東日本大震災にあたり、天皇皇后両陛下は七週連続で被災地をご訪問された。美智子さまは病中の陛下を支えながら、想像を絶する過密スケジュールをこなされた。七十代半ばを過ぎた陛下と美智子さまは、四月末の宮城県に続き、五月には岩手県、福島県をご訪問された。

岩手では、陛下と美智子さまは自衛隊のヘリコプターで北上山地を横切り、津波で壊滅的な被害を受けた三陸海岸を上空からご覧になった。暖流と寒流が交わる世界有数の漁場も、津波の被害で目を覆うばかりの惨状。中でも陸中海岸国立公園の中央に位置する岩手県大槌町は、町長や町役場も津波に飲み込まれる大惨事であった。陛下と美智子さまは一九九七（平成九）年に、皇室三大行事にあたる「第十七回全国豊かな海づくり大会」でこの地をご訪問。稚魚を放流するなど公務で一泊された。翌朝、浜に出られた両陛下は、岸に寄せる「片寄せ波」をご覧になった。その時、岩場に咲く純白の浜菊を陛下がお気に召し、種を取り寄せられた。大切に育てられた浜菊は、秋になると御所の玄関の御車寄で真っ白な花を咲かせている。大槌町ゆかりの浜菊を、皇后美智子さまは月次詠進歌《つきなみえいしんか》でこう詠まれた。

菊

わが君のいと愛《め》でたまふ浜菊の　そこのみ白く夕闇に咲く

豊かな海づくり大会を思い出された美智子さまは、「わたくしたちが泊まった場所は？」とお聞きになり、跡形もなくなった現場を前に心を痛めたご様子だった。

この日、釜石の避難所では余震があった。ガーンと響く大音響に、直前まで美智子さまと言葉を交わしていた年配の女性は、思わず美智子さまの手を握った。その手に優しくご自分の手を重ねられ、「落ち着いてください」と声をかけ「こうした地震は今でもあるのですね。怖いでしょう」とお労わりになり、「大丈夫よ」と勇気づけた。多くの市民が陛下と美智子さまをお迎えし、両陛下は歩みを止められたり、バスの窓を開けたりされながら、被災地の人々を激励された。

「元気をいただきました。ありがとうございます」と涙する被災地の人々。こうした美智子さまの行動力は、いつどこで培われたのだろうか。国際児童図書評議会（ＩＢＢＹ）での美智子さまによる基調講演をまとめた『橋をかける――子供時代の読書の思い出』（すえもりブックス）をひもといてみよう。

奉仕と犠牲の精神の原点とは？

焚火《たきび》

疎開児《そかいじ》のわれを焚火に寄せくれし　かの日の友ら今に懐かし

美智子さまは、一九四一（昭和十六）年を国民学校一年生として迎えた疎開世代である。その時代の本との出会いを、こう語っておられる。

〈度重なる移居と転校は子供には負担であり、異なる風土、習慣、方言の中での生活には、戸惑いを覚えることも少なくありませんでしたが（中略）教科書以外にほとんど読む本のなかったこの時代に、たまに父が東京から持ってきてくれる本は、どんなに嬉しかったか……〉

近代的な教育を受けた令嬢が、幼き日に『古事記』や『日本書紀』『常陸国《ひたちのくに》風土記《ふどき》』から採話された倭建御子《やまとたけるのみこと》と弟橘比売命《おとたちばなひめのみこと》に着目されたことは、日本一の旧家、天皇家に嫁ぐ予感とでもいおうか、何か運命的なものが感じられてならない。

景行《けいこう》天皇の皇子・倭建は武勇に優れていた。建は蝦夷征伐の折、相模の三浦半島と房総半島を隔てる浦賀水道（走水）を航行中、嵐に遭う。お供の愛妃、弟橘が「私が身代わりとなって海神の怒りを鎮めましょう」と

2011(平成23)年4月22日、東日本大震災により壊れてしまった北茨城市の大津漁港を訪れ、行方不明者がいる海に向かって黙礼される天皇皇后両陛下。地元関係者との昼食会では、前日に大津漁港で水揚げされたカレイ、ヒラメ、穴子などの魚料理を召し上がり、原発事故による風評被害を心配されていたという。

同年4月27日、両陛下にとって東北三県被災地の初慰問は宮城県南三陸町。津波に飲み込まれた町を高台からご覧になり、佐藤仁町長から説明を受ける。その後、向かった仙台市の避難所では、津波で自宅が全壊した女性が庭から摘んできたスイセンを、美智子さまが「ちょうだいできますか」と受け取り、励まされた。

東日本大震災にともなう
天皇皇后両陛下のご動静（2011年）

3月11日　東北地方太平洋沖地震（東日本大震災）発生。
3月15日　天皇皇后両陛下、福島第一原子力発電所事故にともなう東京電力の計画停電に合わせて皇居・御所で自主節電を開始。
3月16日　天皇陛下、東北地方太平洋沖地震（東日本大震災）に関するビデオメッセージ。
3月26日　宮内庁、東日本大震災の避難者に那須御用邸職員用風呂の開放を始める。
3月30日　天皇皇后両陛下、東日本大震災にともなう避難者をお見舞い（東京武道館）。
4月8日　天皇皇后両陛下、東日本大震災にともなう避難者をお見舞い（埼玉県加須市）。
4月11日　天皇皇后両陛下、東日本大震災にともなう都内避難者（皇居東御苑見学会参加者）にお会いになる（皇居東御苑）。
4月14日　天皇皇后両陛下、東日本大震災にともなう被災地（千葉県旭市）お見舞い。
4月15日　皇后陛下、東日本大震災にともなう都内避難者（皇居東御苑見学会参加者）にお会いになる（皇居東御苑）。
4月22日　天皇皇后両陛下、東日本大震災にともなう被災地（茨城県）お見舞い。
4月27日　天皇皇后両陛下、東日本大震災にともなう被災地（宮城県）お見舞い。
5月6日　天皇皇后両陛下、東日本大震災にともなう被災地（岩手県）お見舞い。
5月11日　天皇皇后両陛下、東日本大震災にともなう被災地（福島県）お見舞い。
7月27日　天皇皇后両陛下、東日本大震災にともなう福島県からの避難者をお見舞い（那須町）。
8月8日　天皇皇后両陛下、東日本大震災にともなう福島県及び宮城県からの避難者をお見舞い（東京都板橋区）。

同年5月6日、岩手県宮古市の避難所で被災者の隣りに座って声をかけられる美智子さま。

津波に襲われた大槌町の大槌漁港で1997（平成9）年10月5日に行われた、「第17回全国豊かな海づくり大会」で稚魚を放流される天皇皇后両陛下。

建の武運を祈って入水。妃の祈りが通じ、海は凪いだ。やがて蝦夷を平定して、一人凱旋する建は、亡き妻弟橘の犠牲的献身を思い「あずまはや（わが妻よ）」と嘆息した。小学生の正田美智子さんは、建と弟橘の物語から、愛には畏れと犠牲が伴うことを学ばれたのではないだろうか。

また、美智子さまが在学した聖心女子学院の初代学長マザー・ブリットは、学生たちが一つのことにしか力を注がないことを嫌い、あえて一番忙しい試験前に学校のさまざまな行事を組んでいた。奉仕活動やクラブ活動は全員参加。規則ずくめの聖心の学校生活は、結婚後の過密スケジュールの克服にも役立っている。

「ノーブレス・オブリージュ」――高貴な人こそ、社会的責任と義務を果たさなくてはならない。この欧米社会の基本的な道徳観も、カトリック教育を受ける中で自然に身につき、弱者に対してつねにあたたかなまなざしを向けられる、今日の美智子さまへとつながっている。

美智子さまは聖心女子大学四年生の時、全学・学生自治会の会長（プレジデント）に選ばれている。当時を知る学友はこう話す。

「学生全員の写真と名前が載っている記念帳を広げて、下級生一人ひとりの名前と顔を記憶しようと努力なさっていました。そして『○○さん』と名前を呼んで話しかけられるのです。名前を呼ばれた下級生はもちろん大感激です。歴代の自治会長の中でもやはり傑出した方でしたね」

与えられた立場、職務を誠実に全うしようと努力するプレジデント美智子は、下級生の尊敬と憧れの人であった。

美智子さまの父上・正田英三郎氏は群馬県館林の出身。夏は気温三十五度の酷暑、冬は上州のからっ風という厳しい風土である。明治以来、正田一族は大利根の肥沃な水と土を背景に日清製粉を超一流の会社に育て上げた。上州の女性はしっかり者と定評がある。夫を支え、家計を管理し、内助の功を発揮する利発な女性。かつて何人もの総理夫人を輩出した風土でもある。美智子さまの「こらえ性」や「芯の強さ」は、父方の上州の気風をも受け継いでおられるとお見受けした。

弱者に寄り添い勇気を与える美智子さまは、「国母陛下」とお呼びするのにふさわしい方である。その原点には、子供時代に読んだ日本の神話や、雙葉・聖心で学ばれた西欧の道徳観による奉仕と犠牲の精神、上州の実業家の家風を受け継いだ「こらえ性」があるのではないだろうか。

第1章

運命の少女

少女時代〜ご成婚前

1934（昭和9）年―1959（昭和34）年
0〜24歳

正田家に生まれて

堅実で教育熱心な家庭

皇后美智子さまのご実家の正田家は、群馬県館林の旧家で、製粉業と醤油醸造業を経営する実業家である。美智子さまの祖父である正田貞一郎《ていいちろう》氏の代に日清製粉を設立。美智子さまの亡き父、三男の英三郎《ひでさぶろう》氏が家業を継ぎ、業界一の会社に育て上げた。地元で正田家といえば、大家族でみな頭が良いと言われていた。母・富美子さんは、佐賀県の名門、副島《そえじま》家の出身で上海で生まれた。帰国して東京・四谷の雙葉高等女学校に入学し、首席で卒業。その頃「頭の良い花嫁候補を紹介してほしい」と英三郎氏の母・きぬさんが雙葉高女に出向いて相談し、学校側が推薦したのが副島富美子さんだった。

一九二九（昭和四）年春、英三郎氏と富美子さんは結婚。一年間、ドイツで新婚生活を送った。その間、長男・巖《いわお》さんの出産を機にドイツ式育児法を学ぶ。帰国後の一九三四（昭和九）年十月二十日、東京・本郷の東大付属病院で正田夫妻の長女として誕生したのが美智子さまだ。四人の子の母となった富美子夫人は、子供たちそれぞれについて克明な育児日記をつけていた。この日記が、後に美智子さまが浩宮さまを育てる際のお手本となっている。富美子夫人は娘が皇太子妃に決まった時、自身の子育てについて次のように語っている。

「四人とも厳しく甘やかさないで躾けました。自分のことは自分で判断して、納得がいくまで考えさせた後、初めて行動するようにさせました。贅沢は決してさせませんでした。ただ、学校での勉強のほかに英語を習わせるとか、本は十分与えてきました」

この方針は、美智子さまの三人のお子さま方への教育にも反映されている。「娘は母の作品」というのは筆者の持論だが、美智子さまという人物の基礎を形作っているのは母・富美子夫人なのである。正田家の知人はこう話す。

「あちらは資産家でありながら、服装なども華美な雰囲気は微塵もありませんでした。学生時代の美智子さまは、白のブラウスに地味なスカート。お出かけの時もほとんど聖心女子大の制服をお召しでいらっしゃいました」

けじめを重んじる家風

ここに一通の手紙がある。五十三年前の一九五八（昭和三十三）年秋、皇太子殿下（当時）と美智子さまの婚約発表の直後に正田英三郎氏が書いた手紙だが、正田家の家風がよく表れていると思うのでご紹介する。

〈この度は、図らざることになりました。ついては、御丁重なるお言葉並びにお祝いの品を賜り、厚く御礼申し上げます。私どもといたしましては、ただ恐懼《きょうく》に存じおるのみでございまして、せっかくのご懇情に対し、誠に失礼で恐縮でございますが、この際お祝い品などはかたくご辞退申し上げる心組みでございます。なにとぞご了承賜りますようお願い申し上げます。失礼の至りでございますが、お礼かたがたお詫びまで。

正田英三郎〉

1957（昭和32）年4月頃、家族一同で記念撮影。同年3月、美智子さまは聖心女子大学を首席で卒業された。前列左から父・正田英三郎氏、母・富美子夫人、後列左から美智子さま、兄・巌氏、妹・恵美子さん、弟・修氏。

皇太子殿下と美智子さまの婚約が発表になると、正田家には全国からお祝いの品が届けられた。しかし正田家では、お祝い品については、先の手紙をつけて丁重に辞退し返送している。ただ、子供たちからの千羽鶴やクレヨン画などは例外として受け取った。

婚約が内定した美智子さまに、父・英三郎氏は「これからは、陛下（昭和天皇）と殿下のお心にそって生きるように」という言葉を贈っているが、それは美智子さま自身の決意でもあった。

「私は東宮さまのなされようを、妻の立場でそっていくことを念頭に置いてきました」

結婚後、美智子さまはそう語っておられた。

五十三年前、美智子さまを皇室に送り出した正田家にとっては、想像を絶するほどの物理的、精神的なご苦労があったに違いない。富美子夫人は、娘の様子を宮内庁に問い合わせることなど一切なかったという。まれに事務連絡があっても「ご健康のことだけよろしくお願いします」と、それ以外のことには触れなかった。

史上初の民間出身の皇太子妃となった美智子さまにとっては、些細なことも非難の対象になりかねない。ご結婚後、美智子さまがご実家を訪問されたのも、ご両親が御所を訪れたのも数回程度。お互いの立場を思いやり、寂しい気持ちをこらえて、お会いになることを極力控えられた。そうしたけじめを重んじたのが、美智子さまであり、正田家であった。

戦争と疎開

空襲で戦災死された順おじさま

一九四一（昭和十六）年、美智子さまが国民学校（雙葉小学校）一年生の年に太平洋戦争は始まった。戦争中は三回もの疎開を経験されている。

　最初は鵠沼にある日清製粉の寮だった。美智子さまと弟の修氏、妹の恵美子さんと母・富美子夫人、そして父方の従姉妹、正田紀《のり》子さん（俳人・柚木紀子氏）とその母・郁子夫人との共同生活だった。富美子夫人は正田家の三男の嫁、郁子さんは四男・順四郎《じゅんしろう》氏の嫁。揃って雙葉高女の出身である。美智子さまと紀子さんは、一歳違いの従姉妹同士だった。戦時中、父や兄、叔父たちは東京に残り、家族は離ればなれに。美智子さまと従姉妹の紀子さんは、雙葉の制服を着て乃木高等女学校附属小学校（現・湘南白百合学園）に通った。

　寮には広い芝生と砂地の庭があり、海にも近く日当たりが良かった。子供たちは訪ねて来る紀子さんの父・順四郎氏によく遊んでもらっていた。子供好きの順四郎氏は「かけっこのおじさま」と呼ばれる人気者だったが、一九四五（昭和二十）年五月二十五日、東京・山の手の大空襲で戦災死された。

順おじ様　　　正田美智子

思い出せば、もう三年になる
日あたりのい、鵠沼の家で
順おじ様を　皆してかこみ
かけっこかけっこと　せがんだものだった
順おじ様も　上着をかなぐりすて
砂かげろうの立つ　鵠沼の庭を
ヨーイ・ドンで　皆して走る
何度やり直しても　おじ様の勝ちだった

今でもお庭で　かけっこをして遊ぶと
おめがねの下で　笑いながら
私達をかけぬけて　ふりかえられる
おじ様のお顔が　見えるように思う

館林の悲しい　おそう式がすんで
軽井沢又東京と　住む所は変っても
私の手箱の中に　思い出をこめて
おじ様のお形見が　ひめられている

この追悼詩は、正田順四郎氏の三回忌の追悼文集『思ひ出』に収録されたものだ。当時中学二年生の美智子さまの悲しみが、率直に表現されている。

順四郎氏は享年三十九歳。山の手の大空襲の時、「順おじさまは足が速いから逃げおおせたわよ。原宿は神宮の緑の多い所だし」と親戚たちも最初は心配していなかった。しかし、一日経っても二日経っても帰ってこない。三日目に郁子夫人が夫を捜しに上京し、原宿から青山にかけての大惨事を見てすべてを悟った。

当時十二歳であった一人娘の紀子さんは、夜、館林から見た東京の空が真っ赤であったことを記憶している。彼女に「もう諦めたほうがいい。お父さまは亡くなったと思うよ」と告げたのは、正田の大伯父だった。館林の応接間で「紀子ちゃん、実はね……」と聞かされた時の話を、後に紀子さんは美智子さまにお話しした。すると美智子さまは涙ぐんで、「あの時だけは、平素、涙を見せたことのないあなたのお母さまが泣いて、泣いて、『紀子ちゃんがかわいそうだ』と言われていたのよ」とおっしゃった。

鵠沼から館林、軽井沢へ、そして終戦

順四郎氏が最後に館林を訪れた時は、国民服に戦闘帽、ゲートル姿で「るり子ちゃん」という人形を持って来てくれた。紀子さんが大切にしていたこのお人形のことは、美智子さまもご存じで、「お人形を持って来て下さるなんて、優しいお父さまね」とおっしゃった。

この年の二月、硫黄島が玉砕。正田一族はB29に追われるように、本家がある館林に再疎開した。美智子さまたちは館林南国民学校（現・館林市立第二小学校）に転校する。食糧事情は最悪の時代。お弁当は持たず、お昼は家に帰って、乾燥芋やカボチャの代用食を食べていた。裕福な正田家でも、当時は次のような献立だった。

朝食　蒸した薩摩芋、おひたし
昼食　うどん、または雑炊
夕食　麦入り御飯、野菜の炒め煮

「あるもので間に合わせましょう。みんな苦しい時代ですから」と富美子夫人はよくおっしゃった。

戦況が悪化し、館林も危ないということで正田一家は軽井沢に疎開。美智子さまは軽井沢東国民学校に入り、正田家の別荘で終戦を迎える。一九四六（昭和二十一）年、館林の本家から東京に戻り、翌年春に雙葉小学校を卒業した美智子さまは、聖心女子学院中等科に入学された。

雙葉幼稚園の制服姿の美智子さま。ゆるくウエーブのかかった髪は友人たちから羨ましがられたという。

1935(昭和10)年、そろそろ満1歳を迎える頃の美智子さま。命名は祖父の正田貞一郎氏。「美しく賢かれ」と。

大きなつばの帽子がかわいらしい2、3歳頃の美智子さま(左)。1歳違いの従姉妹の正田紀子さんとは、神奈川県葉山の一色海岸でよく一緒に遊んだ。二人は戦時中、疎開の3年間をともに過ごした。

未来を予感させる
凛とした横顔

1944(昭和19)年、雙葉小学校４年生の頃か。真剣なまなざしが印象的だ。

1940(昭和15)年11月、七五三の晴れ着姿の美智子さま。正田家長女の祝い着に総絞りの大振り袖を着用。正田家の実力がうかがえる。和服の立ち姿が愛らしい。

軽井沢日記——恩師への手紙に見る心の成長

きらめく十代の感受性を綴る

聖心女子学院高校二年、十六歳になられた美智子さまは、その夏休み、懐かしい軽井沢の別荘にお出かけになった。その際、「軽井沢日記」というタイトルをつけて、国語教師大《おお》木敦《きあつ》先生にお手紙を書き送っている。その一部を紹介しながら、十代の美智子さまの精神的な成長を探ってみよう。

〈大変長いこと御無沙汰いたしました。毎日のように、お暑い日が続きますがその後お変りなくお過ごしでいらっしゃいましょうか。早いものでお休みが始まってからもう3週間近くの日が経っております。（中略）私は7月の22日から、高原の静かな雰囲気の中で毎日を送っております。家は、軽井沢の離山のふもとにあって、もともとは祖父母の家なのでございますが、今年は母の静養のためにと特別私たちに貸してくださったのです。（中略）

終戦の年に山を降りてから5年になりますが、きて見れば何もかもが懐かしく思い出され、戦争中の苦しかったことなども今は一つの思い出として、私の胸によみがえってくるのでございます。そして、今私は自分の味わっている高原の美しい自然を自分だけでなく、他の方々にも味わっていただきたい気持ちにかられます。

ですから、この私のお手紙が冷たい高原の空気や白樺の葉の囁きをいくらかでも先生の元にもたらすことを、私は心から望んでおります。（中略）

私のとても気に入った木に白樺がございます。これはかたまっているよりも一本一本離れて立っている方が風情があり、その一種独特の緑の葉と白い幹との調和には他の樹木には見られぬ美しさが感ぜられます。当地についた翌日、家の庭にある白樺の皮を剝いで作ったしおりをお贈りします。これを作った次の日から2、3日雨が降り続きました。そして、ナイフで皮をはがした跡が一所だけ真茶色になり、白樺の木がちょうど帯をしたように見え、とてもおもしろうございました。（中略）

聖心女子学院高校の国語教師、大木敦先生。写真からも美しく聡明な女性であったことがわかる。大木先生はご自身の歌集『樹氷』に「教へ子として年ながく親しみし君 妃の宮とさだましぬ」と詠った。

先生、このように私は軽井沢で楽しい生活を送っております。けれども、夏休みも終わりに近付いてきたこの頃、私にとって2学期の学校生活がこののんびりとした高原の生活の延長になってしまうことがないだろうかと少し心配になってまいりました。このような意味からいっても2学期の最初に行われる2日間の黙想会は、非常に意味深いものに思われます。この黙想の期間に、これまでのお休み気分を捨て去り、今までとはまた異なった楽しさを持つ学校生活に戻ってゆくべく、自分自身を鍛え上げるよう努力いたしたいと思っております。それでは9月にお目にかかれますのを楽しみに。くれぐれもお身体を大切に。ごきげんよろしゅう。

正田美智子〉

大木先生

とても十六歳とは思えない美智子さまのお手紙。富美子夫人の行き届いた家庭教育が偲ばれる。時は流れ一九九〇(平成二)年夏、九十歳の天寿を全うされた大木先生の追悼ミサが下井草カトリック教会で行われた。恩師の遺影の傍らには、皇后美智子さまの供花があった。当時からお気に入りの木「軽井沢の白樺」は、後に美智子妃殿下の「おしるし」となった。

一九五三(昭和二十八)年、聖心女子大学に進学した美智子さまは、哲学入門A、倫理学B、日本文学概説A、英語B、一般数学A、東洋史A、憲法Aと、立派な成績。大学には当時、優秀な学生を称える「Ｈｏｎｏｒ」(オナー)の制度があった。全科目がAかB、平均点九十点以上(Aは九十三点以上だから大半がAでないと達成できない)の学生を「Ｈｏｎｏｒ」と呼び、学期末には学長室の前に成績が貼り出される。美智子さまはこのリストに四回も名前があがっている。一九五七(昭和三十二)年三月十五日、美智子さまは聖心女子大学を首席で卒業された。

高校の運動会で。写真中央、生徒たちに囲まれ笑顔を見せるのが大木先生。その手前で花束を持っているのが美智子さま。スポーツ万能な美智子さまは運動会でも大活躍。特に徒競走は得意で、初等科、疎開時代、聖心中高、いつもリレーのメンバーに選出された。

右／1953(昭和28)年4月、聖心女子大学1年生の美智子さま。角帽をかぶり、晴れ晴れとした表情から大学生活への期待がうかがえる。上／1956(昭和31)年12月、大学の冬休みにスキーを楽しむ美智子さま。新潟県岩原スキー場のゲレンデで当時のスキーファッション。

1955(昭和30)年７月、友人との北海道旅行(釧路)でリラックスした表情を見せる美智子さま(前列左端)。

成績優秀、スポーツ万能な
学生たちの憧れ

東京・京橋のカサイ写真館で撮られた美智子さまのお見合い写真。天皇家に嫁ぐことになるとは思いもしなかった1955(昭和30)年。

運命の出会い――軽井沢伝説

テニスコートで生まれた恋

八月の空のもと、白いボールが飛び交う。一九五七（昭和三十二）年八月十九日、旧軽井沢のテニスコートではハンディトーナメントが行われていた。浜尾実東宮侍従をはじめ、皇太子殿下（当時）の学友、織田和雄氏もいた。日清製粉社長令嬢、正田美智子さんは白のスコート姿で白球を追い、その様子に目を細める母・富美子夫人。まさかこの日の出会いが皇太子妃への道につながろうとは、母はもとより当の娘でさえ想像もつかないことであった。

自由ヶ丘の加茂コートで、テニスの個人レッスンを受けていらした美智子さまは、関東女子大学ランキングでダブルス二位、シングルス四位のランク保持者。美智子さまとアメリカ人少年ボビー・ドイルの組は、四回戦で皇太子・石塚組と対戦。皇太子殿下とペアを組んだ早稲田大学の学生、石塚研二氏は田園コロシアムのメンバーで、清宮貴子さま（島津貴子さん）のテニス相手として優れた技術の持ち主だった。

皇太子組の優勝の呼び声が高かったが、勝負は水ものである。予想外の展開になり、正田・ドイル組が圧勝。

「やられたな」

負けた皇太子殿下は、汗を拭きながら意外にも嬉しそうだった。学友の織田和雄氏は、その表情を目の当たりに見た人物だ。後に筆者は、当時の様子を織田氏から伺った。

「皇太子さまは、美智子さまのテニスを『打っても打っても返してくる。どんな球にも諦めず食いついてゆこうとする、あの粘り強さには負けた。ああいう女性もいるんだね』と自分に言い聞かせるように感想を漏らされた」

また、ペアを組んだ石塚氏からも、次のように聞いている。

「『あのお嬢さんはどういう方で、どこの学校に通われているのか』と、皇太子殿下が根掘り葉掘り私にお尋ねになったことを記憶しています。私は『今年、聖心女子大学を卒業された正田美智子さんという方で、お父さまは日清製粉の社長ですよ』とお教えしました」

正田美智子さんを皇太子妃の有力候補として、マスコミが動き出したのは一九五八（昭和三十三）年の五月頃からであった。宮内庁から正田家に決定的な形で交渉が始まったのは八月十六日から十八日。正田家では、この「恐るべき縁談」から娘を逃がすべく、九月三日、聖心学院同窓生国際会議に出席のためにヨーロッパへ旅立たせている。

電話プロポーズ作戦

九月十八日には黒木従達東宮侍従が正田家を訪問。ご両親は決断を迫られたが、重ねて固くご辞退申し上げた。そして十月二十六日、五十数日の海外旅行から美智子さまが帰国。その翌日夜から、皇太子殿下の毎晩の電話プロポーズ作戦がスタートする。

十一月二日、正田家の家族会議が箱根の富士屋ホテルで開かれた。美智子さまのご両親、兄の巖氏と美智子さまの四人。二日夜から三日の午前中にかけて、親子四人は最終的な話し合いをしていた。家族全員が張り裂けそうな思いを胸に抱いて、静養どころではない様子だった。特に、兄の巖氏はぎりぎりまで反対したらしい。親の七光を最も嫌う巖氏は、妹を皇室という特別な社会に送り込むことについて、筆舌に尽くしがたい思いもあったのだろう。

この日、かねてから正田家を担当していた朝日新聞の佐伯晋記者は、箱根にいる富美子夫人に取材申し込みの電話を入れたが断られた。佐伯記者はともかくも箱根に出かける。最悪のコンディションにもかかわらず、美智子さまは記者の単独インタビューに二十分だけ応じられた。その時の美智子さまは、クリーム色のブラウス、黒のスカート、黒のリボン、ダイヤの指輪、ノーメイク。

「もし、私がどんな方とご一緒になることになっても、それはその方自身が、本当に私の結婚の理想に当てはまる方だからということです。私はこれまで、私なりに自分の結婚の理想や、理想の男性像というものを持っておりました。その理想を他の条件に目がくれて曲げたのでは決してないということを……」

そして富美子夫人は、次のように話された。

「人間的で誠実な殿下のご意向は直接美智子に伝えられました。普通の縁談と全く同じに考えるように、という思いやりに溢れたお電話でした」

美智子さまは「最後のご返事を申し上げる時は、殿下のお目が見とうございました」とおっしゃった。数度の正田家のご辞退に対し、皇太子殿下はご自身で直接、正田美智子さんにプロポーズされ、その心を射止められたのである。

一九五八(昭和三十三)年八月、軽井沢のテニスコートで皇太子殿下(当時)のプレーを母・富美子夫人(右)と観戦する正田美智子さん。

1958(昭和33)年9月、ベルギー・ブリュッセルでの聖心学院同窓生国際会議に日本代表として出席。初の海外一人旅で、会議では見事な英語のスピーチも披露された。会議の後、立ち寄られた英国ケンブリッジ大学で。

上／1958(昭和33)年11月、自宅でピアノを弾く美智子さま。婚約発表用の一枚として撮影されたもの。左／1958(昭和33)年11月、家族会議のために訪れた箱根富士屋ホテルで両親と。心を決めたような表情の美智子さま(左端)。

「『家庭を持つまでは絶対に死んではいけないと思いました』（中略）その中を二十五年間も健気にお歩きになっていらした東宮さまのために、乏しい力の全部をあげて、温かいホームを作ろうと決心いたしました」

——婚約決定前、美智子さまが友人に宛てた手紙より

婚約前の1957(昭和32)年10月、皇太子殿下(当時)ご撮影のポートレート。この写真を殿下は同年の東宮職員写真展に出品、渋谷東宮仮御所の書斎にも飾られ、美智子さまにも贈られた。

1958(昭和33)年7月28日、軽井沢テニスコートで学友の試合をご覧になる皇太子殿下(中央)と美智子さま(左)。ひと夏の思い出ではあっても、まさか自分が皇太子妃になるとは思ってもみなかった。

これまでの日々を慈しむように

婚約発表後、母校の聖心女子学院の同窓会に訪れた美智子さま。鈴蘭の花束と白の手袋を手にされた姿には、すでにプリンセスの品格が見受けられる。

婚約時代、嫁ぐ日を間近に控え、正田家のダイニングルームで両親と語り合う美智子さま(中央)。正田家のあたたかで堅実な家風がうかがえる一枚だ。

1958(昭和33)年12月、婚約発表後に母校を訪問。右から、初代学長のマザー・ブリット、美智子さま、母の富美子夫人。左後方に聖心の制服を着た後輩たちが並んでいる。

婚約発表後、正田家の集まりで笑顔の美智子さま。正田家は大家族。親族である伯父や伯母からの祝福を受ける。

一九五八年十一月二十七日――ご婚約内定

新時代の幕を開けた皇室会議

語らひを重ねゆきつつ気がつきぬ
　われのこころに開きたる窓

皇太子殿下（当時）は、ご婚約の直後にこんな御歌《みうた》をお詠みになっている。思えば学習院大学四年の頃から始まったといわれるお妃選びは難航した。当時、殿下は親しい学友に「どこもだめだ。一生結婚できないかもしれない」と漏らされたこともあった。学友たちによれば、この頃、急に老けこみ始めたといわれたほどである。

　昭和天皇の許可を得たお妃選考委員たちは、民間に皇太子妃を求める準備を始め、聖心女子大、東京女子大、日本女子大などへ非公式に推薦を依頼。各大学から候補者リストが送られてきた中で、正田美智子さんの名が聖心女子大のトップにあげられていた。しかも皇太子殿下自身が、選考委員の一人である小泉信三東宮参与に「この人も選考対象に入れてください」と伝えていたのが、正田美智子さんだった。

　一九五八（昭和三十三）年十一月二十七日午前十時、仮宮殿東の間で皇室会議が開かれた。会議が進み、宇佐美毅宮内庁長官が美智子さまの家柄、人柄、その他を報告。

「正田嬢とはテニスコートで数回、皇太子はお会いになったことはありますが、世間で噂されているような恋愛関係ではありません」

「何かご質問はありませんか」と議長の岸信介首相が出席者を見渡す。

「ないようですので、それでは私から質問いたします。正田家はキリスト教と聞きますが、皇室は神道です。この関係はどうですか」

　ふたたび宇佐美長官が立ち上がって答えた。

「お答えいたします。正田嬢の祖父母が信者であるだけで、正田嬢は洗礼も受けておりません。したがって、宗教上の問題についての心配は一切ございません」

「よく分かりました」

　他に質問は出なかった。時に午前十時四十二分、この瞬間、美智子さまは正式に皇太子妃に決定したのである。後に伝えられるところによると、この皇室会議で岸首相があえて宗教問題について質問したのは、小泉東宮参与の要請からだったといわれる。それは美智子さまがキリスト教を校旨とする聖心出身であることが、後々問題にされたりしないよう、皇室会議での議論を経ることで解決しておくという、小泉東宮参与の深慮でもあった。

歓喜の裏で待ち受ける困難

史上初の民間出身の皇太子妃に決定した正田美智子さん。皇室会議後に行われたその記者会見は、見事なものであった。

「とても清潔なお方だと思いました。とてもご誠実でご立派で、心からご信頼申し上げ、ご尊敬申し上げていかれる方だというところに魅力を感じました。これからは何でも殿下とご相談した上で……」

多くの報道陣を前に、父・正田英三郎氏、母・富美子夫人が傍らで緊張気味の表情を隠せない中、若き日の美智子さまは清楚に、そして堂々とお話しされた。

待ちに待ちし会議終わりしニュース聞き
足早に行きてモーニングに着かふ

これは「婚約内定」と題して詠まれた殿下の御歌である。「待ちに待ちし」というお言葉が新鮮で微笑ましい。筆者が取材で浜尾実東宮侍従に伺ったところ、殿下は「僕はあの時くらい素早くモーニングに着替えられたことはなかったよ」と語っておられたという。

ご成婚の一カ月前、アメリカの週刊誌『TIME』（一九五九年三月十八日号）は表紙に美智子さまの写真を掲載し、特集記事を組んだ。

〈一部の元華族は、貴族の血を引く自分たちの娘が皇太子妃になれなかったことを、あからさまに残念がっている。ある女官は怒気を含んで、正田美智子さんを〃あの成り上がりの小娘〃と呼んでいる。最近、元華族たちの昼食会が開かれた時、お客として招かれた美智子さんの父親は、ただ困惑の体で黙って座っていた。元華族たちは正田氏を無視して大声で話し合い、今度の事の運び方に不平を鳴らし、こういう困ったことになったのも、すべて戦後の新興成り金のせいだと言ったのである。超国家主義者は正田一族を全滅させるぞ、と脅迫した。日本では、暗殺というものが政治的ないし感情的な抗議の手段だったことをよく知っている警察は、絶えず正田家の護衛にあたっている。（以下略）〉

この記事は、当時の日本のマスコミがほとんど報道しなかった、祝賀ムードの裏事情を的確に描き出していた。

1959（昭和34）年のご成婚時に発行された記念切手。10円と30円はお二人の肖像画、5円、10円、20円、30円で檜扇の図柄も作られた。それまで添付用の糊をなめたり、肖像に消印を押すのは失礼という考えから、存命中の皇族の肖像切手は発行されていなかった。「殿下の背広姿をモーニングに」「妃殿下は洋装ではなく和装に」など宮内庁からの指摘で変更が相次ぎ原画作成は遅れたが、郵政省は肖像切手発行の悲願を達成した。

1958(昭和33)年11月27日、皇室会議で皇太子殿下(当時)と正田美智子さんの結婚が承認された日の午後、天皇皇后両陛下へご挨拶と婚約会見のため、宮内庁西玄関に到着した美智子さま(中央)と富美子夫人(右)。

1958(昭和33)年11月27日、皇太子殿下との婚約が決定した夜、正田邸の応接間で祖父・貞一郎氏を中心に。右から、父・英三郎氏、妹・恵美子さん、兄・巌氏、祖父・貞一郎氏、弟・修氏、美智子さま、母・富美子夫人。

「実に静かない、天気である。（中略）東宮とお茶。記者会見。この時の美智子さんの立派さは忘れられない」

——婚約決定前、美智子さまが友人に宛てた手紙より

1958（昭和33）年11月28日、両親とともに東宮仮御所を訪問した美智子さま（中央）。婚約記者会見以来、美智子さまが身につける洋服やストール、ヘアバンド、白の長手袋などは「ミッチースタイル」として大流行した。

1958（昭和33）年12月16日、婚約内定後に和服姿で皇太子殿下とデートを楽しむ美智子さま。東宮仮御所で。

1959(昭和34)年1月、納采《のうさい》の儀を控えて撮影された振り袖姿。銀座・まつ本の調製の御所解文様《ごしょどきもんよう》の本振り袖に、香淳皇后ご伝来の丸帯をつけ、健康美に溢れた美智子さま。一部上場会社日清製粉社長・正田英三郎氏の令嬢、旧皇族・華族にとってかわる戦後の新貴族。当時としては破格の100万円の本振り袖はそれを象徴するものであった。

COLUMN

究極の花嫁修業、「お妃教育」の中身とは？

九十七時間ものハードワーク

皇太子や親王の結婚が決まると、お妃となる女性は、日本一の旧家天皇家に嫁ぐにあたってさまざまなことを学ぶ。いわゆる「お妃教育」と呼ばれるものだ。正しくは「ご進講」といい、皇后美智子さま、当時の正田美智子さんの場合は、一九五九（昭和三十四）年一月十三日に始まった。場所は東京都千代田区三番町の宮内庁分室。全部で十三科目、講師は十三名。

月　習字（藤岡保子）
　　和歌（五島美代子）
火　英語（エスター・ローズ）
　　憲法（田中耕太郎）
水　仏語（前田陽一）
　　礼儀作法（松平信子）
木　宮内庁制度（瓜生順良）
　　お心得（小泉信三）
金　宮中祭祀（甘露寺受長）
　　宮中慣習（入江相政）
土　宮中儀式・行事（吉川重国）
　　宮中儀礼（保科武子、高木多都雄）

近代的な教育を受け、英語で卒業論文を書かれた美智子さまは、初の民間出身の皇太子妃。特に儀式や慣習、作法など、宮中独特のものは初めて学ぶことになる。三カ月、九十七時間に及んだお妃教育。あまりのハードワークからか、美智子さまが脳貧血を起こされたこともあった（『入江相政日記』昭和三十四年三月二十日）。

この中でも、宮中祭祀は大事な科目だ。神道について本格的に学ぶのは未来の皇后の努めである。水を浴び、身体を清める「潔斎」に始まり、小袿《こうちき》・長袴をつけ、髪を大垂髪《おすべらかし》に結う特別な服装は、支度に三、四時間もかかる。参加しなければならない祭祀は年に二十回以上。欠席できるのは女性の生理の時だけだ。

和歌特訓で才能が開花

和歌は日本の伝統文化の継承を担う皇族方にとって大切な仕事である。千年の伝統を持つ新春恒例の「歌会始の儀」以外にも、毎月陛下からお題が出される「月次詠進歌《つきなみえいしんか》」、この他に両陛下の誕生日に詠まれる二首、公務と旅行に関連して詠まれる二首がある。妃殿下方は年間十六首以上を作らなくてはならない。公開する十六首のためには、その何倍もの御歌《みうた》を詠む必要がある。御歌のご指導にあたった故・五島美代子師は、美智子さまに「一日一首、百日の行」を課した。

「一日に五分でも歌を考える時間を持ち、必ず

1959(昭和34)年3月、お妃教育のため千代田区三番町の宮内庁分室に通う美智子さま。時の人を一目見ようと、当時、正田邸前や宮内庁分室前には多くの人が集まっていた。この宮内庁分室前には観光バスが連なり、乗客たちは初の民間出身皇太子妃の姿をカメラにおさめようとした。

その日の感動を振り返って表現なさること。古今集や万葉集の名歌を数首ずつご解釈申し上げますから、一番お好きなものを一首だけ暗唱して次の時間にそらで聞かせてください」

美智子さまは、美代子師の特訓を受けて詠まれた百首の御歌を表装して、皇太子殿下（当時）への結婚のお土産としてお持ちになった。同年四月十日のパレードの後、東宮仮御所に着いて最初に皇太子殿下が何とおっしゃったかを美代子師が伺ったところ、美智子さまは「東宮さまは、あれ（歌集）をどうもありがとう、と仰せになりました」とお答えになった。

浩宮さまご誕生の際、美智子さまはご入院の直前まで、東宮仮御所で美代子師に御歌の指導を受けていらした。枕の下にメモ用紙を置き、陣痛と陣痛の合間に御歌をお考えになっていたという。産みの苦しみの中で精神集中をとげられ、詠みあげられた御歌を紹介しよう。

あづかれる宝にも似てあるときは
吾子《わこ》ながらかひな畏《おそ》れつつ抱く

「本当の気持ちを、ありのままにお詠みになることが第一」と、若き日に美代子師から受けた指導を素直に実践された美智子さまの御歌だ。

第2章

日本一の旧家に嫁ぐ

皇太子妃殿下

1934（昭和59）年—1989（昭和64）年
24〜54歳

皇太子殿下ご成婚——日本が戦後を脱した日

旅立ちの時、別れの杯

一九五九（昭和三十四）年四月十日、午前四時。夜来の春の嵐が荒れ狂っていた。東京都品川区五反田五―六〇。池田山の自宅で、正田美智子さん起床。

午前五時、親族が正田邸に集まってくる。今日の天気についての不安は誰も口には出さない。美智子さんは、我が家での最後の朝食をとった。メニューはフルーツ、ゆで卵、紅茶。

午前五時半、嵐と雨が小止みになる。モーニングに着替えた父・正田英三郎氏は、黙って庭に降り立ち、雲が切れた東の空を見ていた。親子、きょうだい、それぞれの思いはあまりにも複雑すぎて言葉が出ない。

午前六時、美智子さんが二階から降りてくる。淡いピンクのサテンドレスにミンクのストールという装い。親族に囲まれた美智子さんは、葡萄酒と大鯛の塩蒸しでお別れの杯をあげた。父と娘のグラスが澄んだ音を立てて触れる。渋い紫の留袖で愛娘を見守る母・富美子夫人。

「お父さま、お母さま、お身体をお大事にね」

午前六時十分、宮内庁から迎えの車で牧野純子女官長らが到着。

午前六時三十分、正田美智子さんを見送る父母、きょうだい、親族一同が玄関に降り立った。富美子夫人が目頭を押さえた一瞬をテレビカメラは捉えていた。美智子さんは見送りの人々に一礼し、宮内庁差回しの溜《ため》色の車の人となった。

世紀のロイヤルウェディング

午前六時五十五分、皇居の呉竹寮に到着。潔斎所に入り、全身を清めた美智子さんは、皇室の結婚衣裳である「五衣《いつつぎぬ》・唐衣《からぎぬ》・裳《も》」いわゆる十二単にお召し替え。お手伝いは、かつて香淳皇后に仕えた植村起三子元女官。この日、東京の気温は一七・四度。身を清めるのは冷たい水であった。このとき、美智子さんがお召しになった十二単は新調ではなかった。姑にあたる香淳皇后が、ご成婚の折にお召しになったものを補修し、袴だけを新調。できるだけ質素にという、天皇家のご意向に沿うものであった。

午前十時、日本一の旧家天皇家の神道の結婚式が始まる。皇太子殿下（当時）は黄丹袍《おうにのほう》に、垂纓《すいえい》の冠《かんむり》、笏を持たれた。正田美智子さんは紫を基調にした十二単、大垂髪《おすべらかし》に輝く釵子《さいし》。お二人は王朝絵巻さながらのお姿で、正面回廊から賢所《かしこどころ》に入られた。賢所には天照大神が祀られている。告文を詠む皇太子殿下。

「今日の吉日に賢所大前で、つつしみて婚礼の儀を行う。この後、お互い睦み、変わることのないことを誓い、ご守護を祈念する」

午前十時十二分、正田美智子さんは正式に皇太子妃美智子殿下になられた。

午後二時、仮宮殿西の間で朝見の儀に臨まれる。結婚後初めて、天皇皇后両陛下にお会いになる儀式だ。昭和三十四年、まだ皇居には宮殿松の間も存在しなかった。皇太子妃となった美智子さまの出で立ちを紹介しよう。皇室ご伝来の皇太子妃のティアラ。クリスチャン・ディオールがデザインしたローブ・デコルテ。その生地は京都西陣の龍村美術織物による、白地に金糸で龍と鳳凰を浮き織りにした「明《めい》暉《き》瑞《ずい》鳥《ちょう》錦《にしき》」。

午後二時三十分、一千羽の鳩が放たれ、六頭立ての馬車パレードが始まる。コースは皇居から渋谷の東宮仮御所までの八・六キロ。沿道には六十万人もの観衆が詰めかけた。このパレードは、テレビ中継で全国各地へ伝えられた。中継を見ようとテレビを買い求める人が続出。戦後最大の明るい話題に国民は沸き、その後、日本は高度経済成長期を突き進んだ。

当時、日本テレビの新人ディレクターであった筆者も中継班に配属され、青山学院の構内に待機。道路を隔てた向かい側にはKRT（現TBS）の中継班がいた。お二人を乗せた馬車が通過する時、どちらのカメラが花嫁の笑顔を長くとらえることができるか、熾烈な競争だった。そこで青山学院大学グリークラブに「ハレルヤ」を合唱させるキュウ（合図）を出すのが筆者の仕事だった。

午後三時七分、馬車は青学の角をゆっくり左折。思いきり右手を振ってサインを出す。力強いハレルヤコーラスに、美智子さまはくるりとこちらを向いて手を振ってくださった。もちろん皇太子殿下も。ハレルヤ作戦は大成功で、ライバル局のカメラは後ろ姿を映すだけであった。四十五秒間の若き日の美智子さまの笑顔に、筆者はこの方にこだわり続けていく予感があった。

1959(昭和34)年4月10日、ご成婚当日の朝、正田邸前で両親、きょうだいに別れの挨拶をする正田美智子さん。淡いピンクサテンのアフタヌーンドレスにチュール付きの羽根の帽子、サファイアミンクのストール、真珠のチョーカーやブレスレットという出で立ちは、数時間後、古式ゆかしい天皇家の結婚衣裳、十二単姿に変身する。

昭和天皇御製

喜びはさもあらばあれこの先の　からき思ひていよよはげまな

（一九五九年四月十日）

「私は今でも、昭和三十四年のご成婚の日のお馬車の列で、沿道の人々から受けた温かい祝福を、感謝とともに思い返すことがよくあります」

――平成十六年、古希の誕生日に際し、宮内庁記者会質問に対する文書回答

1959(昭和34)年4月10日、皇居での儀式を終え、歓声に応えながら馬車で東宮仮御所に向かう皇太子同妃両殿下(当時)。写真は千代田区半蔵門付近。沿道に詰めかけた人々はみな笑顔だ。昭和天皇は、このパレードを見送った時の心模様を歌に詠まれた。民間出身の皇太子妃を認めるという大きな決断をした昭和天皇。二人の結婚を祝いながら、今後の厳しさを予見し激励を送っている。

結婚の儀にのぞむため、十二単(正しくは「五衣・唐衣・裳」の姿という)の正装で、綾綺殿に向かう正田美智子さん。日本の歴史上初の民間出身の皇太子妃。近代的な教育を受けた令嬢が天皇家——日本最古の神道の家——に嫁ぐことを象徴する。

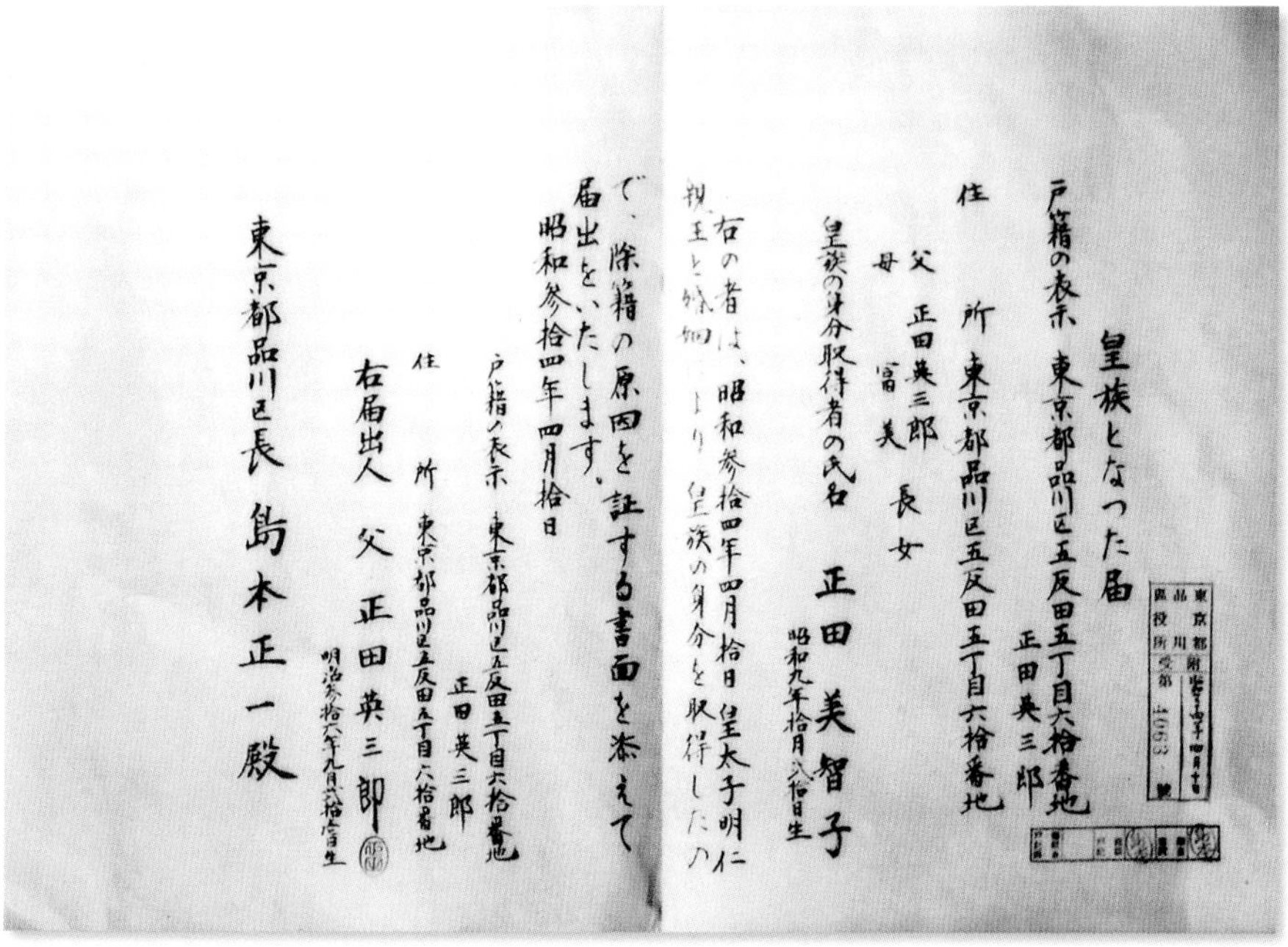

皇族となつた届

戸籍の表示　東京都品川区五反田五丁目六拾番地
正田英三郎

住所　東京都品川区五反田五丁目六拾番地

父　正田英三郎

母　富美　長女

皇族の身分取得者の氏名　正田美智子
昭和九年拾月弐拾日生

右の者は、昭和参拾四年四月拾日皇太子明仁親王と婚姻により皇族の身分を取得したので、除籍の原因を証する書面を添えて届出をいたします。

昭和参拾四年四月拾日

戸籍の表示　東京都品川区五反田五丁目六拾番地
正田英三郎

住所　東京都品川区五反田五丁目六拾番地

右届出人　父　正田英三郎
明治参拾六年九月弐拾壱日生

東京都品川区長　島本正一殿

天皇や皇族は一般国民のような戸籍を持たず、その身分は「皇統譜」に記載される。逆に婚姻によって皇族となる正田美智子さんは、それまでの戸籍から離脱。こうした公文書もまた、この結婚がどういうものであるかを物語っている。

1959(昭和34)年4月10日、皇太子殿下(当時)は黄丹袍《おうにのほう》からモーニングに、妃殿下は十二単からローブ・デコルテに装いを変えて、天皇皇后両陛下と親子対面の儀式である朝見の儀に。正田美智子さんは皇太子妃美智子殿下となった。

1959(昭和34)年4月10日の夜、無事にご婚儀を終えて東宮仮御所でくつろいでいるお二人。ご婚儀やパレードの様子を伝えるその日の夕刊を手に。美智子妃は落ち着いた青磁色のワンピース。

1961（昭和36）年10月、富山へと向かう皇太子ご夫妻（当時）。特別二等車で向かい合わせで席に座ったお二人の向こう側には、大勢の報道陣がカメラを手にひしめき合っている。当時流行したAラインのコートに、正面にリボンの飾りがついた帽子が清楚な美智子さまは、前年に浩宮さまを出産され、充実の微笑み。

「皇太子妃」という仕事

親王ご出産の大役

ご成婚から五カ月目。まだ、お祝いの興奮も冷めやらぬ九月十五日、美智子さまのご懐妊が宮内庁より発表された。

「ご懐妊四カ月で、ご経過もご順調。予定日は昭和三十五年三月二日」

皇太子殿下（当時）や美智子さまにとって、ご結婚やご出産は極めて公的な意味を持つ。天皇家には、皇統を絶やさないという大きな使命があるからだ。一般的に妊娠や出産などはデリケートな問題で、第三者が口を出すのははばかられるものだが、天皇家の場合はそうもいかない。

ご成婚の日に行われる儀式の中にも、平安中期以降から伝わる「三箇夜餅《みかよのもち》の儀」という子孫繁栄を願うものがある。皇太子ご夫妻が東宮仮御所に入られた夜、銀盤に白餅を妃殿下の歳の数だけ盛って供えるもので、美智子さまの場合、銀盤四枚に二十四個の小さなお餅が盛られた。そこに翼を広げて向かい合う一対の銀の鶴を置き、左右の翼に銀の箸と柳の箸をかけわたす。

儀式に使われる白い餅を調達する者には、三代にわたって夫婦が揃った家が選ばれる。両殿下のご婚儀の時は、甘露寺《かんろじ》受長《おさなが》掌典長が選ばれてこの役を務めた。ご結婚第一夜、お二人の寝所の枕元に飾られた三箇夜餅を拝礼し、皇子誕生を祈られた。三晩にわたり寝所に飾られた三箇夜餅は、四日目の早朝、庭の土中深くに埋められた。皇子誕生を願う気持ちが、平安以来これだけの儀式を生み出しているのである。

まもなく、美智子さまは東宮仮御所がある渋谷区の保健所で、皇族初の母子手帳の交付を受けられる。英語がお得意な美智子さまは、当時まだ日本語訳が出版されていなかった『スポック博士の育児書』（ベンジャミン・スポック著）を原書でお読みになっていた。つわりのひどい時期には、聖心女子学院の学友が特製のコンソメスープを作って御所にお届けすることもあった。

経過は順調。妊娠五カ月の戌の日、一般でいうところの岩田帯にあたる「仮着帯」を経て、一九六〇（昭和三十五）年一月二十三日、着帯の儀が行われた。懐妊九カ月目の戌の日に行われる宮中の公式行事である。帯親は高松宮殿下。使者が届けた帯は、まず宮中三殿に供えられ、清められ、皇太子殿下の見守る中、女官長の介添えで着帯をされた美智子さまの安産が厳かに祈願された。

出産予定よりも十日早い二月二十二日夜、美智子さまは陣痛を訴えられ、翌日午前二時に宮内庁病院に入られた。これまで皇族の産所は御所に設けられるのが慣わしであったため、病院出産は美智子さまが皇室初であった。担当医は小林隆東大教授。分娩監視装置も初めて導入され、美智子さまの病院出産は万全の体制で進められた。十七時間に及ぶ陣痛を経て、二月二十三日午後四時十五分、美智子さまは体重二五四〇グラム、身長四七センチの元気な親王殿下浩宮さまをご出産になった。

世界を魅了するプリンセス

そして、皇室の重要な仕事の一つである国際親善。ご出産から七カ月後の九月、美智子さまには初の海外公務が控えていた。皇室外交に間に合わせるために、美智子さまは綿密な離乳計画を立てられた。出発は昭和三十五年九月、日米修好通商条約百年を記念してアメリカで行われる、アイゼンハワー大統領主催の歓迎晩餐会へ出席するための十六日間の日程である。美智子さまにとっては国際親善舞台へのデビューであり、皇太子妃としての実力が問われる大切な公務だった。

浩宮さまは生後七カ月の赤ちゃん。美智子さまは自ら子守歌をテープに吹き込み、お世話にあたる浜尾実東宮侍従や看護師に託された。完璧な準備をして海外公務に発たれた美智子さまを、米国のメディアは大きく取り上げ、語学堪能で気品溢れるプリンセスぶりは訪問先で爆発的な人気となった。

九月二十九日、ワシントン・ブレアハウスでの女性記者の会見では流暢な英語で対応。テープに吹き込んだ子守歌への質問も飛び出し、美智子さまは次のようにお答えになった。

「子守歌を録音したのは私の考えです。それは浩宮に寂しい思いをさせたくないというだけではなく、私自身も慰めるために残してきました。今頃私の歌を聴いているだろうと思うと、私自身気が安まるのです」

母親らしい率直な答えと達者な英語は、アメリカの記者にも感銘を与えた。それから二カ月後の十一月、皇太子同妃両殿下は再びアジア、アフリカの海外公務もこなされ、産後一年足らずで公務と子育てを見事に両立された。しかし、過密スケジュールに耐えた美智子さまの体重は十一キロも減ってしまった。

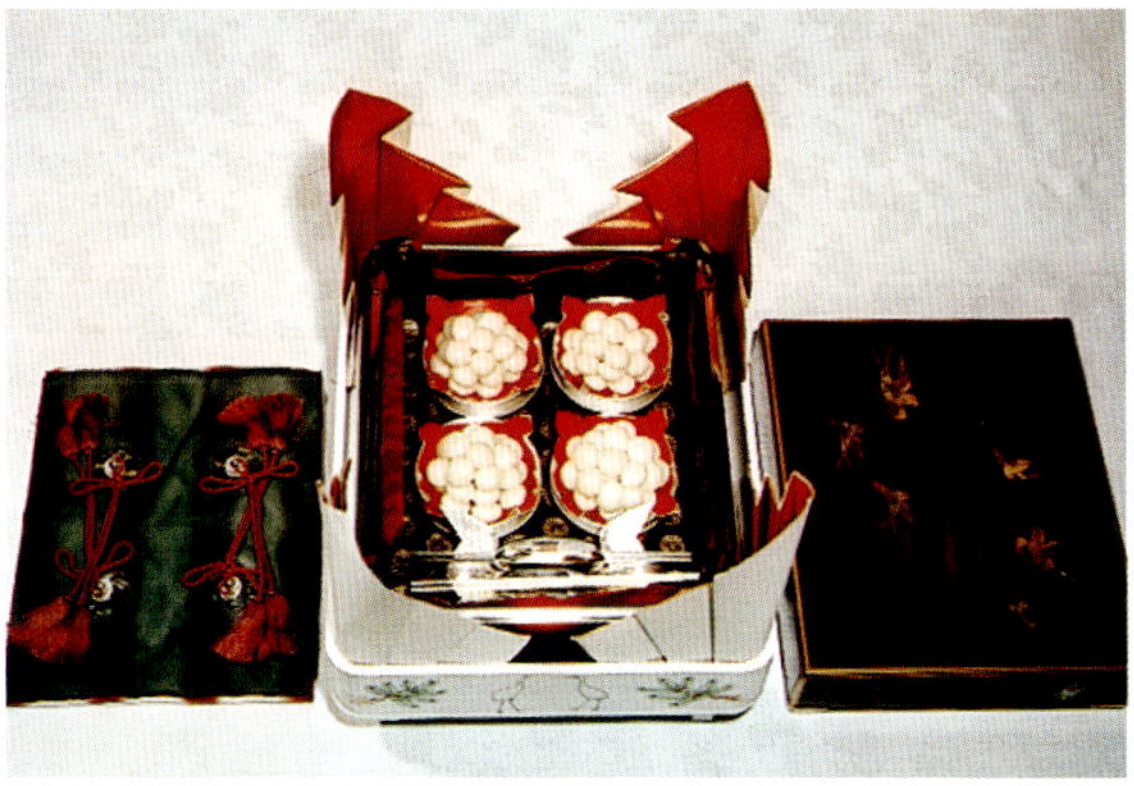

子孫繁栄を願う三箇夜餅《みかよのもち》の儀で供えられた白餅。平安朝以来、1000年の歴史と伝統を持つ皇位継承を請い願うお飾りで、皇太子ご夫妻の結婚初夜、寝室にこれが飾られる。

若い母として、
日本の皇太子妃として

1960(昭和35)年、生後間もない浩宮さまを抱かれた美智子さまと、見守る皇太子殿下(当時)。お二人は『紫式部日記』にも登場する乳母制度を取りやめ、美智子妃は出産4日目からマスクと白衣をつけ、4時間おきに授乳された。

1960(昭和35)年9月、美智子さま初の外遊、アメリカ訪問。ホワイトハウスで開かれたアイゼンハワー大統領夫妻(両端)主催の晩餐会での皇太子ご夫妻。流暢な英語でマミー夫人と談笑する美智子さま。

1960(昭和35)年9月22日、アメリカ訪問の最初の目的地ハワイ・ホノルル空港。レイをかけられ、歓迎を受けるお二人(右から2人目と3人目)。

1960(昭和35)年12月3日、インドのタージマハール廟を見学された皇太子ご夫妻(当時)。お二人は同年11月12日から28日間にわたり、イラン、エチオピア、インド、ネパールの4カ国を親善訪問された。美智子妃の和服は、東洋の花を代表する牡丹の花。

1960(昭和35)年11月25日、エチオピアの首都アジスアベバの日本大使館で開かれた歓迎レセプションにご出席。美智子さまと話している後ろ姿の男性は、マラソンの金メダリスト、アベベ選手。この着物は1959(昭和34)年4月27日に正田家にお里帰りした際、お召しになったトルコブルーの本振り袖。袖丈を詰め、訪問着にリフォームされた。

1960(昭和35)年11月24日、エチオピアのハイレ・セラシエ皇帝(中央)と皇太子ご夫妻(当時)。1974(昭和49)年、軍のクーデターによりエチオピアの帝政は廃止。ハイレ・セラシエは最後の皇帝となった。美智子妃は過密スケジュールをこなされ、お痩せに。

1962（昭和37）年2月1日、インドネシア・バリ島のタンパクシリング宮殿前の庭で談笑するお二人。同国訪問中、皇太子殿下は体調を崩され、美智子さまが単独で公務をこなしながら看病を続けた。写真はご病気も良くなられ、殿下が5日ぶりに庭に出られたところ。

皇室に吹いた新しい風

初の母乳保育、親子同居

最初のご出産で第百二十六代の皇位につく皇子、浩宮徳仁親王をご出産された美智子さまは、誠に強運のプリンセスであった。初の民間出身の妃として、一部批判の声もあった時代背景を思えばなおのことである。聖心女子学院の学友たちは「マザー・ブリット（初代学長）がお祈りされた結果よ」と語ったが、妃殿下のことを思う人々は、まさに祈るような気持ちであったのだろう。見事な皇子誕生に、何かしら神業を感じる人は多かった。

美智子さまはご出産四日目から、白衣をつけて親王をお抱きになり、四時間おきに授乳された。ご自分の母乳でお子さまを育てられるのも、天皇家の歴史始まって以来のことだった。『紫式部日記』にもあるように、天皇家には千年にわたって継承された「乳母《めのと》制度」があった。出産で疲労した生母に代わり、健康な女性が皇子に乳を与えるというこの慣わしを、皇太子殿下（当時）と美智子さまは取りやめられたのである。同時に、殿下が強く望まれた「親子同居」を実現され、両親の手で子育てを実行された。

美智子さまの両親は、結婚の翌年にドイツに赴任し、滞在中に長男を出産。母・富美子夫人は現地の看護師から学んだドイツ式育児法でお子さま方を育てた。

一、授乳時間は厳守する。
二、離乳は生後三カ月から始める。
三、食事は主治医と相談して決める。
四、あやすための抱っこはしない。
五、毎日散歩をして外気にあてる。

美智子さまの元へ届けられた富美子夫人の育児日記には、「初めて歯が生えた時」「初めて笑った時」などの見出しがついた、美智子さまの誕生から幼稚園入園までの成長が克明に記されていた。例えば、浩宮さまの日課であったはだか体操。美智子さまはお風呂に入る前に、手足を持って曲げたり伸ばしたりの運動をしておられた。生後三カ月を過ぎると、富美子夫人伝来の育児法で離乳を始められた。

働く母親の工夫「ナルちゃん憲法」

一九六一（昭和三十六）年五月、浩宮さまが一歳を過ぎる頃、浜尾実東宮侍従が養育掛に就任。それまでは数名の女性看護師が担当していたが、「男の子の心身の成長を見守るのは男性がよい」というお二人の考えから浜尾侍従が選ばれた。浜尾侍従への取材でこんな話を伺ったことがある。

「美智子さまから『人間《ひと》として恥ずかしくないよう育ててく

ださい』と言われているので、時には心を鬼にして厳しい躾をしています」

美智子さまは、浩宮さまを託した浜尾侍従に全幅の信頼を置いておられた。浜尾侍従は「言うことを聞かない宮さまを私が厳しく叱ると、お小さい宮さまはお母さまの妃殿下に甘えようとなさる。そんな時でも、美智子さまは『オーちゃん（浜尾侍従のこと）の言うことを聞きなさい』と私を支持してくださいましたね」と語っている。

浜尾侍従は一九五一（昭和二十六）年から東宮侍従として皇太子殿下に仕え、美智子さまとのご成婚後も生活上のお世話をしていた。美智子さまは、お出かけの前には必ず浜尾侍従をお呼びになり、育児の要件をお伝えになった。メモでやり取りされていた美智子さまの要件は、やがてルーズリーフノートに記されるようになり、気を付けてほしいこと、浩宮さまとの過ごし方などを日課表にまとめられ、浜尾侍従に手渡されるようになった。当時話題になった「ナルちゃん憲法」は初めからあったものではなく、このノートの積み重ねの結果なのだ。昔のノートから何点か紹介しよう。

〈自分が投げたものは自分で取りに行かせるように。軽く背中を押して「取ってきてちょうだい」と言ってください〉

〈〝ながら病〟はできるだけ避けるように。たとえば靴をはく時など、「靴をはいたらおんもネ」と言って、靴をはくことに集中させてください〉

美智子さまが一番気にされていたのは、母であるご自分と留守を預かる浜尾侍従や看護師との間で、育児に対する考え方に食い違いがあってはならないということだった。文字として残せば、必要な時に必要な人が確実にチェックできる。働く母親の工夫から生まれた「ナルちゃん憲法」、記録を残すというアイディアは、美智子さまが富美子夫人から受け継いだ合理的な育児法だ。

一九六二（昭和三十七）年十月五日、美智子さまの誕生日を前に撮影された皇太子ご一家。お召しの手描き友禅の訪問着は、香淳皇后の日本画の師・前田青邨画伯作の《紅白梅》を見て、「この絵のように」と京都の北出工芸に注文された。

笑顔が溢れる親子のひととき

右頁／1961（昭和36）年4月28日、満1歳の浩宮さまの手を取って。蘭の花をシルエット風に染めた柄の訪問着姿。上／1961（昭和36）年6月24日、御用邸のある葉山一色海岸を散策する皇太子ご一家（当時）。母の笑顔で我が子を見守る美智子さま。肩にリボンの飾りがついたボーダー柄のワンピースは、似たデザインを買い求める女性が続出したという。

1961(昭和36)年8月29日、皇太子殿下(当時)の運転で軽井沢をドライブする美智子さまと、その膝の上に抱かれた浩宮さま。女性は第一子を産み回復した時が人生で一番美しいといわれるが、美智子さまの笑顔と3連のアコヤ真珠のネックレスがまぶしい。

1964（昭和39）年8月4日、軽井沢の浅間高原で昆虫採集を楽しむ皇太子ご一家。東宮ご一家の夏休みといえば、軽井沢の千ヶ滝プリンスホテルが当時の定宿だった。美智子さまの実家・正田家の別荘や、友人とのテニスは最高の息抜きであった。

幻の第二子とご静養、そして次男ご誕生

静かに耐えた失意の時

昭和天皇の侍従長を務めた入江相政氏の日記をまとめた『入江相政日記』（入江為年監修・朝日新聞社編／朝日新聞社）は、昭和の皇室の内情が垣間見られる貴重な資料の一つだ。その昭和三十八年三月二十二日金曜日に、次の記述がある。

〈東宮妃は三時半頃宮内庁病院に入院。すぐオペラチオンとの事〉

同月四日、美智子さまの第二子ご懐妊が発表されていた。しかしその三週間後、異常妊娠と判明し、流産の処置をなさった。その時の記録である。

その後、美智子さまは春から夏にかけて三カ月間、葉山の御用邸で静養に入られた。皇太子殿下（当時）は、毎週末に浩宮さまを連れて葉山にお見舞いに出かけた。当時を振り返り、美智子さまの父・正田英三郎氏はこう語っていた。

「あの時は私も葉山に行き、一緒に絵を描いたりしました。家内も毎日付き添うわけにもいかないし、辛い時代でした」

実母が見舞えば、美智子さまは思いの丈を母に告げる恐れがある。それは結果的に、母にも重荷を背負わせることになってしまう。「何事もご自分の胸に納める」――黙して語らず耐えることが、天皇家とのご結婚にあたって受けた究極のお妃教育だ。美智子さまは、厳しくそれを貫き通された。

七月二日、葉山から東京に戻られた美智子さまは、同月八日、ご一家で軽井沢に向かわれた。筆者は上野駅の信越線ホームで急行「白山」に乗られるご一家を取材。その時の美智子さまのお顔は美しかったが、白地に濃紺の水玉のワンピース姿のお身体は痛々しいほどお痩せになり、ウエストは今にも折れそうだった。思い出の軽井沢で静養され、心身の元気を取り戻された美智子さまは、九月の山口県の夏季国体へのご出席で、本格的な公務への復帰を果たされる。秋も深まった十月二十三日にも、皇太子殿下と美智子さまは、奥日光の光徳ロッジで夫婦水入らずの癒しの時を過ごされた。

年末、デンマークのマルグレーテ王女来日の折、昭和天皇、香淳皇后、皇太子殿下と並んで撮られた一枚の写真がある。和服姿でふくよかな香淳皇后に対し、公務に復帰されたばかりの美智子さまは、痩せ細ったまま。和服姿も痛々しい美智子さまは、流暢な語学力で国際親善に精一杯務められた。

第二子礼宮さまご誕生

一九六四（昭和三十九）年、四歳になられた浩宮さまは四

月十三日、学習院幼稚園に入園。翌年四月、美智子さま三度目のご懐妊の発表があった。流産以来、ご体調が気遣われていただけに、国民にとっても喜びの発表だった。美智子さまは五歳になる浩宮さまに、「ナルちゃん、お兄ちゃまになるのですから、赤ちゃんをかわいがってね」とお話しになっていた。著書『こころの旅』（みすず書房）などで知られる神谷美恵子さんが、美智子さまのお話し相手になったのは、ちょうどこの夏の終わり頃のこと。神谷さんは精神医学のドクターで、後に津田塾大学の教授に就任。ヴァージニア・ウルフ研究の第一人者でもあった。神谷さんは、心身が疲れ果てていた美智子さまを度々訪ね、お話し相手になられた。

「悲しみをてこにして飛躍すること。悲しみや苦しみの中に泥《なず》むな。それに清められ、鍛えられて優しくされよ」

そんな信念を持つ神谷さんの教えに美智子さまの心は解放され、その存在は大きな支えとなった。後に神谷さんは、「重いご責任で、時に心弱くおなりのこと。内面の問題を素直にお話しくださる」と、当時の美智子さまのご様子を書き残している。

医学は日進月歩の時代。十一月二十九日午後九時五十分、美智子さまが分娩室に入られた。皇室初の無痛分娩である。東大病院産婦人科の若手、坂元正一講師が分娩監視装置を担当。タイミングを図って、新進気鋭のドクターで麻酔担当の山村秀夫医師が「ガスを吸入していただきますが、いいですか」と伺うと、美智子さまはうなずかれた。山村医師によれば「産声だけはお聞かせしたいと思いましたので、痛みはとるけれども、意識はあるように麻酔しました」とのこと。

麻酔が効いている間、美智子さまは白い蝶が飛んでいる夢を見られたという。二時間半後、第二子をご出産。体重三〇〇〇グラム、身長五一センチ。浩宮さまと五歳九カ月離れた次男坊、礼宮文仁親王のご誕生であった。赤ちゃんの純白の産着は、美智子さまの手作り。礼宮さまは泣き声もむずかりも男の子らしく活発で、美智子さまは「東宮のスサノオ」とお笑いになった。

1966(昭和41)年11月17日、学習院幼稚園に通う浩宮さま(右)ともうすぐ満1歳を迎える礼宮さま(中央)とお手玉遊びをする美智子さま。帯は更紗風の赤の名古屋帯で、おくつろぎのご様子。

1963(昭和38)年7月8日、静養のために上野駅信越線ホームから急行白山で軽井沢に向かわれる皇太子ご一家(当時)。同年3月に美智子さまは第二子を流産。5カ月の静養を経た後だが、大変お痩せになった。さらなる静養のため軽井沢へ。手をつながれたナルちゃんのバスケットが愛らしい。隣には美智子さまを気遣われる皇太子殿下。

1965(昭和40)年7月26日、軽井沢で夏休みを過ごすご一家。この日は父子でサイクリング。その様子を見守る美智子さまは、次男礼宮さまをご懐妊中のため上品なマタニティファッション。

悲しみを越えて得た喜び

1969（昭和44）年1月28日、ご一家で東京・上野動物園へ。ポニー（子馬）にまたがり得意げな浩宮さま、礼宮さまをにこやかにご覧になる皇太子殿下と美智子さま。

1966（昭和41）年3月、東宮御所での一家団欒のひととき。3カ月頃の弟・礼宮さまのベビーカーを元気に押す浩宮さま。美智子さまは紬風の和服でお母さまらしい。

日本一の旧家の嫁

姑への気遣い

二〇〇〇（平成十二）年六月十六日、吹上大宮御所で薨去された香淳皇后は、昭和天皇が崩御されてから十年以上も長生きされ、歴代皇后最長寿を全うされた。

これまで天皇陛下の母君、つまり崩御された天皇の妃は、お堀の外に住まうのが慣わしであった。明治天皇の昭憲皇太后、大正天皇の貞明皇后、いつの時代も今上陛下の母君のお住まいはお堀の外にあった。だが、平成の御代《みよ》に入り、天皇陛下と美智子さまは陛下の母君・香淳皇后を、スープの冷めない距離、つまり吹上大宮御所でお世話なさり見送られたのである。これは心和むことだ。

近代的な教育を受けた令嬢、正田美智子さんが「祈り」を家業《なりわい》とする日本一の旧家、天皇家に嫁がれた。美智子さまは夫君、陛下のご協力で「乳母制度の取りやめ」「親子同居」「教育は学校に任せる」など、神秘のベールに包まれていた皇室を限りなく国民の生活に近づけた。

昭和から平成に時が移った折、さまざまな昭和史の資料が現れ話題になった。中でも『入江相政日記』は出色の資料だ。昭和天皇のスポークスマンとまでいわれた入江相政侍従長は、昭和十年から五十年にわたり詳細な記録を書き綴ってきた。

若き日の美智子さまが、史上初の民間出身の妃であるために味わわれたご苦労を浮き彫りにし、皇室という特殊な社会の難しさを偲ばせる材料が記録されている。宮内庁は今上陛下が青年に達した頃から皇太子妃候補の選考準備を始め、八百人の候補者リストを作成。戦前、皇太子妃は皇族、または特定華族から選ばれることになっていたが、日本の敗戦という事情と社会的な価値観の変化で、一九五五（昭和三十）年に至っても決定的な候補者は見つからなかった。そんな中で美智子さまと出会い、度重なるプロポーズでご結婚に至るわけだが、その頃の『入江相政日記』には次のようにある。

〈昭和三十三年十月十一日　土　快晴

（前略）東宮様の御縁談について平民からとは怪しからんといふやうなことで皇后さまが勢津君様と喜久君様を招んで訴へになつた由。（以下略）〉

結婚発表の四十日前に、夫の親族はこの結婚に反対だったのである。いかに時代が変わったとはいえ、身分の違いが大きく立ちはだかっていた。筆者の個人的な解釈だが、昭和三十三（一九五八）年といえば敗戦から十三年も経ち、民主主義や新憲法の下で、すでに皇族・華族という階級制度はなく

一九五九(昭和三十四)年四月十二日、皇居・宮殿西の間での結婚を祝う内宴。左から、義宮さま、香淳皇后、昭和天皇、皇太子殿下、美智子さま、清宮さま。

なっていた。しかし、この現実を受け入れ難く感じる古い世代の皇族がいたこともまた事実であった。「平民からとは怪しからん」と総括されてしまう厳しい現実が、侍従長の日記には書き遺されていた。

昭和の御代を振り返ると、皇太子時代の天皇皇后両陛下は、毎週水曜日か土曜日に「定例御参内」を欠かさず行ってきた。毎週の御参内は美智子さまにとっては辛いものだった。しかしご夫妻は、御参内には必ずお子さま方をお連れになり、ご両親陛下と一家水入らずの会食を続けてきた。お子さまが一、二歳の幼い頃にも、お二人の吹上御所へのご訪問は年三十回以上を数えた。

週一回の御参内は、香淳皇后が亡くなられるまで続いた。孫の顔を見せに親を訪ね会食する定例御参内は合計千三百三回にのぼった。残されたこの数字、この事実こそ、美智子さまの「究極のお気遣い」といえる。

降嫁された黒田清子夫人（紀宮清子内親王）の一九九七（平成九）年のお誕生日文書回答での一文を紹介しよう。

「小さい子供を連れてのご参殿は、はらはらなさることも多かったと思われますが、両陛下が、いつもおうれしそうに上がられ、お話しになっているご様子を拝見して、『両陛下』というお立場への尊敬と若干の緊張を抱きつつも、『おじじ様』『おばば様』に対して子供らしくお親しみ申し上げ、おいたわり申し上げる気持ちを自然に持つことができました」

天皇家の一人娘、黒田清子夫人の考えさせられる一文だ。

1960年

結婚後初めてのお正月。降嫁前の清宮さま(一番左)も一緒に。

1961年

昭和天皇(一番左)をはじめ、ご一家の視線は初孫である浩宮さまに集中。

1968年

本を読む浩宮さま、礼宮さまを囲んで。後列は1964（昭和39）年に結婚された常陸宮ご夫妻。

1969（昭和44）年に誕生された天皇家の一人娘、紀宮清子内親王も加わりご一家は9人に。

1978年

1987年

立派に成長された3人のお子さま方。香淳皇后がご一緒のお正月写真はこの年が最後。

母と娘――いつか嫁ぐ日のために

降嫁を念頭に置いた子育て

ご成婚から十年目の一九六九（昭和四十四）年、美智子さまは第三子を宿し、皇太子妃としても、母としても充実した日々を送られていた。四月十八日、予定より三週間以上早く陣痛を訴えられ、午前六時四十五分、黒塗りのハイヤーが東大病院に向けて東宮御所を出発した。後部座席で美智子さまを支えているのは、夫である皇太子殿下（当時）だった。妻の出産に皇太子が自ら付き添うのは初めてのことであった。

午前八時三十六分、第三子となる紀宮清子内親王がご誕生。体重二二五〇グラム、身長四五・三センチ。数字で言えば未熟児だが、保育器の外に響くような声で泣かれ、哺乳力も普通の赤ちゃんと変わらない元気な女の子だった。

紀宮さまのご出産に際しては、担当医である小林隆東大教授が出産予定日の算定を間違えるというエピソードがあった。美智子さまが入院された当日、担当の小林教授と医局員は、折しも石川県・和倉温泉での懇親旅行で全員不在。礼宮さまご出産の折に麻酔を担当した山村秀夫医師が、内親王を取り上げることとなった。美智子さまが入院されたとの連絡を受け、慌てて飛行機で帰京するも、すでに出産は無事終了。担当ドクターの面目は丸潰れである。平身低頭して詫びる医局員に、美智子さまは「お気になさらないで」とにこやかに微笑まれた。時に美智子さま三十四歳。そこには二男一女の母となり、継承の大役を果たした母の顔があった。

美智子さまは内親王である紀宮さまに対し、いずれ皇籍を離れて降嫁されることを念頭に置き、小さい時からお二人の兄宮とは違う躾をなさった。例えば、紀宮さまが幼稚園に上がるまでには、一人でのお召し替え、脱いだものを寝る前にきちんとたたむことなど、身の回りのことをきっちりと躾けられた。

三年保育の私立柿ノ木坂幼稚園に一年通ってから学習院幼稚園へ。学習院初等科に進まれる頃には、「サーヤのお仕事」と称して、起床後、御所の門まで新聞と牛乳を取りに行き、新聞はお父さまに、牛乳はキッチンへ運ぶということを日課にされた。

美智子さまのお考えは、「ハウスキーピングができない女性は何をやらせてもだめ」。それは、母・富美子夫人から教えられた女性教育の基本であった。紀宮さまは、中等科の頃から花柳流の日本舞踊を習い、美しい立ち居振る舞いを自然に身につけられた。一九九四（平成六）年には名取り試験にも合格されたが、お立場上発表を控えていると伺った。

母娘二人旅の特別な時間

美智子さまは紀宮さまが小学生の頃から、親子二人で旅をなさっていた。天皇家ではこれまで、皇太子妃と内親王が旅行されることはなかった。この二人旅は紀宮さまが初等科三年生の秋から大学入学まで、箱根、愛知、奈良など六回にわたり行われた。

お二人が泊まられた日本旅館では、布団を並べてお休みになった。御所には和室がないので、その経験は紀宮さまにとって新鮮なものである。民間から皇室に入られた美智子さまは、御所の生活が一般の暮らしとかけ離れていることを誰よりもよく理解されていた。将来降嫁される内親王が嫁ぎ先で戸惑われないためにも、この親子二人旅は大変貴重なものであった。

ファッションのTPOも、さりげなくお教えになった。例えば愛知旅行では、熱田神宮参拝にあたり美智子さまは参拝服、紀宮さまは学習院の制服をお召しになり、その後の「こどもの国」訪問では、軽やかな装いにお召し替えをなさるといった具合である。いわゆる「衆人環視」、不特定多数の人に取り囲まれ、つねに見られることが当たり前な皇室の生活。美智子さまは紀宮さまに対し、大勢の人々の前での立ち居振る舞いや接し方を、自然のうちにお教えになった。紀宮さまは「尊敬する人は母である皇后さま」と述べられている。

一九九二（平成四）年三月、紀宮さまは学習院大学文学部を卒業。「八代集四季の歌における感覚表現」というテーマの卒業論文は高い評価を得た。卒業後は山階鳥類研究所で十三年間勤務され、バードバンダーの資格を取得し、百科事典の執筆者にも名を連ねている。新卒での就職は天皇家で初めてのことであった。成人以降の公務ご出席は七百四十回。海外公務も数多く担当され、宮内庁からの信頼も高かった。

二〇〇五（平成十七）年、兄の秋篠宮さまの友人だった黒田慶樹《よしき》氏とのご結婚で降嫁されるまで、紀宮さまはご両親を心身ともに支えられた。

1979（昭和54）年10月の美智子さまのお誕生日を前に紀宮さまと。

1969(昭和44)年9月18日、生まれたばかりの紀宮さまと一緒にご一家で東宮御所の庭を散歩。待望の女のお子さまに顔をほころばせる皇太子ご夫妻(当時)。殿下が夢にまで見た「あたたかいホーム」を実現された。

1972(昭和47)年4月、3歳になる紀宮さまが「ピクニック……」とおねだりされ、東宮御所の庭で美智子さまとお花摘み。エプロン姿がかわいらしい。紀宮さまは、3年保育で柿ノ木坂幼稚園に入園された。

1979(昭和54)年11月、母子二人旅で愛知県へ。熱田神宮の参拝で、美智子さまはローブ・モンタント(参拝服)、紀宮さまは学習院初等科の制服姿。

時には見守り、時には支えられて

1983(昭和58)年4月18日、ツクシを摘む美智子さまと14歳になった紀宮さま。そろそろ女性皇族としてのお勉強も始まる。

等身大の女性像

皇太子妃はファッションリーダー

昭和四十年代は、美智子さまにとって「子育ての時代」といえる。一九六九（昭和四十四）年の歌会始のお題は「星」だった。

幾光年太古《たいこ》の光いまさして
地球は春をととのふる大地

この時、すでに二人の男の子のお母さまであり、第三子を懐妊中であった美智子さま。まさに、「地球は春をととのふる大地」を実感されておいでだったのだろう。さらに、お題の「星」を地球と見立てた感覚は、昭和四十年代としては大変新しく、スケールの大きいものであった。この御歌で、筆者はこれまでの歴史にない新しい皇后陛下の登場を予感した。

一九六〇年代後半、ファッションの世界では、フランスのイヴ・サンローランがパンタロンスタイルを提唱していた。その活動的なスタイルは、あっという間に世界中の働く女性たちに広まる。美智子さまは、「子育てファッション」としてパンタロンスーツをご着用になった。当時、ファッションリーダーであった美智子さまは、パンタロンスーツをいくつものパターンでお召しになっている。軽井沢でのご静養の一コマを紹介しよう。

グレーのパンタロンに白のジャケット。美智子さまは小さいサーヤ（紀宮さま）を抱っこし、四歳違いの礼宮さまの手をつないでいる。さっそうとした姿のお母さまを小走りに追いかけていく浩宮さま。

また、浜名湖では、ベージュ系でサファリジャケット風な細身のパンタロンスーツをスポーティブに着こなしておられた。その時のお子さま方のエピソードも紹介しよう。うなぎ養殖場の桶の中でにょろにょろと動くうなぎを見た浩宮さまは、「浜尾さん、触ってみたら」と浜尾実東宮侍従に声をかけ、ご自分は手を出さない。これに対し、五歳違いの礼宮さまはいきなり桶に手を入れ、うなぎをつかみ出し、ふりまわしてキャッキャと笑っておられた。ご兄弟で、なんとこの性格の違い。美智子さまと皇太子殿下（当時）は、その様子をにこやかにご覧になっていた。

仕事、子育てに全力投球

一九六六（昭和四十一）年四月、皇太子殿下と美智子さまは浩宮さまの学習院初等科入学式にご参列。一般では、親が子供の入学式に出るのは普通のことだが、天皇家の歴史には

一九七〇（昭和四十五）年十一月、東宮御所の庭で遊ぶお子さま方を見守る皇太子ご夫妻（当時）。珍しく歯を見せてお笑いになる殿下。ご成婚記念に植えられた白樺の木を背景に、ナルちゃん十歳、アーヤ四歳、サーヤ二歳。

ない極めて異例のことであった。浩宮さまの制服は、二十五年前にお父さまが初等科に通われた時のもので、お下がりだった。ピカピカの一年生の中に入ると微妙に色が違い、アメ色になっていた。美智子さまは、「百三十人もいる一年生の中で、お父さまのお古を着ている子はいないでしょうね」と誇らかに笑っておられた。お父さまのようにご立派に……わざわざ父上の制服を取り出し、我が子にお着せになった美智子さまのお気遣いに、殿下もお喜びだったと伺った。

美智子さまにとってこの時代は、皇太子妃として、そしてよき妻、よき母として、人生のエンジン全開の時であった。ご結婚から十年、親子同居を実現なさり、流産という悲しい挫折も殿下の愛に守られて乗り越えた時代であった。東宮職という大きな組織を抱えた御所の中で、侍従、看護師、御用掛、職員たちに支えられながら子育てをされた当時の様子を、美智子さまは「合宿所のよう」と懐かしそうに振り返られたことがある。

当時の東宮職には、よき伝統は大切にし、時代にそぐわない点は工夫するという、新しい東宮御所を築こうとする活気に満ちた雰囲気があった。その中心にいらした皇太子殿下と美智子さまは、お子さま方の成長を通して、職員たちとのふれあいを大切にしておられた。

1971(昭和46)年11月、東宮御所の砂場で。皇太子殿下(当時)と美智子さまは、お子さま方が遊べるように東宮御所の庭に砂場を作られた。砂場はビニールシートを敷いて水を入れるとプールにもなる。

1973(昭和48)年8月24日、軽井沢でテニスを楽しむ皇太子ご一家。礼宮さま(手前)のプレーを笑顔でご覧になる(左から)浩宮さま、美智子さま、紀宮さま、皇太子殿下。夏休み、ご家族で過ごすかけがえのないひととき。

日々成長する子供たちに囲まれて

昭和40年代、活動的なパンツスタイルにウエストを絞ったサファリジャケットをお召しの美智子さま。長靴を履いた浩宮さまと奥浜名の細江町で。

昭和40年代、夏休みのひとときを軽井沢で。虫採りに出かける浩宮さまと美智子さま。当時、世界的に流行したパンタロンスーツを子育てファッションとして着用された。

日本で世界で、いっそう際立つ存在感

1973(昭和48)年5月、皇太子ご夫妻(当時)はオーストラリアとニュージーランドを訪問。写真は同月8日にキャンベラのレークサイドホテルで開かれた答礼晩餐会での美智子さま。鮮やかなイエローのドレス姿が美しい。

1973(昭和48)年5月1日、オーストラリア・ブリスベーン。グリーンに白のステッチがきいたスポーティブな装いで、コアラを抱かれる美智子さま。その姿を皇太子殿下はさかんにカメラにおさめていらした。

1975（昭和50）年10月14日、アメリカご訪問から帰国される昭和天皇・香淳皇后を空港で待つ皇太子ご夫妻と常陸宮殿下（右）。訪米は昭和天皇の念願だった。

1967（昭和42）年8月、ユニバーシアード東京大会でのご夫妻。皇太子殿下は開会宣言をされた。美智子さまの、帽子とドレスのコーディネイトはセンス抜群。

銀婚式――努力賞と感謝状

いつしか逆風はやんでいた

契りしは二十五年の昔なり
　　まぶたに浮かぶ花に満ちし日

一九八四（昭和五十九）年四月十日、皇太子殿下（当時）と美智子さまのご成婚二十五年にあたり、筆者はチーフプロデューサーとして「皇太子両殿下銀婚式に捧ぐ」という皇室スペシャル番組を制作した。ご成婚二十五年にちなんで二十五人の証言者で構成し、天皇家側からは高松宮両殿下にご登場いただいた。

高松宮さまは「お子さま方もご立派にお育ちになり、お祝いに三宮家で銀器をお贈りします」とお話しになり、「ご予算は？」と伺うと、「五万円くらいかな？」とお答えになった。一方、紫のワンピースに真珠のチョーカーをつけた喜久子妃は、美智子さまのお気遣いぶりが分かるエピソードを紹介してくださった。

「私の母（徳川実枝子氏）が桜の花が好きだったので、お供えしたいと思い、東宮御所の桜を一枝いただきたいと所望しましたら、それから桜の頃になると毎年のように、つぼみがいっぱい付いた桜の大枝を届けてくださるのよ。あまり気をお遣いになるから、お痩せになるのよ。おしおらしいこと」

喜久子妃といえば、美智子さまがお妃候補にあがった際に、香淳皇后や勢津子妃（秩父宮）とともに嘆いたお一人。しかし、当初は反感を抱いていた人々も、美智子さまが皇太子妃としての役目を着実に果たす姿に触れ、いつの間にか好意的な態度に変わっていた。

正田家側の証言者としては、美智子さまの弟・正田修氏が登場。当時を振り返り、お姉さまについてこう話された。

「お茶目で人が集まってくる姉貴でした。英語の家庭教師をやってもらいました……あっ、やっていただきました」

思わず言い直されたのが微笑ましく、そのまま放送させていただいた。そして「当時、私は高校生で何も分かりませんでしたが、逆に時が経つにつれて、当時の両親は大変だったろうなぁという感じがいたします」とも述べられた。

夢にまで見た家庭の安らぎ

一九八四（昭和五十九）年四月六日、東宮御所檜の間。結婚二十五年の記者会見で、皇太子殿下は「結婚して初めて、安らぎのある家庭を味わうことができました」と語られた。またその前年の五十歳のお誕生日には「美智子を妻に選んで

1961（昭和36）年10月、東宮御所でキッチンに立つ美智子さま。皇族方の食事は大膳（料理係）に一任されていたが、美智子さまはお子さまたちに手料理をと御所内に専用のキッチンを希望された。当時としてはモダンなシステムキッチン。

幸福だった」とも言われている。夫から「自分を妻に選んで幸福だった」と言われるのは、女性としても感慨深いものである。美智子さまは、このお言葉をとりわけ深く受け止めておられる。

1970(昭和45)年12月14日、金屏風を背にした皇太子殿下(当時)と浩宮さまが百人一首かるたで対戦。美智子さまは読み手をご担当。お召し物は春を待つネコヤナギの柄。

「妃殿下に、妻、母親として何点ぐらいおつけになりますか？」という記者の質問に、殿下はこうお答えになられた。

「長い年月にわたって私を大切にしてきましたし、子供たちも明るく育っています。点をつけるのは難しいけれども、まぁ、努力賞というようなことにしようかと思っています」

それを受けて美智子さまは、「私も、もし差し上げるとしたら、お点ではなく感謝状を」とおっしゃった。努力賞と感謝状。なんと息の合ったやりとりだろう。この会見は、長く記者たちの記憶に残った。

また、こんなやりとりも飛び出した。「一般家庭から皇室にお入りになってのご苦労は？」との質問に、美智子さまは「そのことは、いろいろな方からお尋ねがあるのでございますけれど、私にはこの結婚の経験しかないので、特に苦労が多いのかどうか比べることはできません」とお笑いになった。また、「殿下のお導きがなかったら、私は何もできませんでしたし、また東宮さまのご指示とお手本がなかったら、どうして子供を育てていいのかもわかりませんでした」と笑顔で答えておられた。

美智子さまは、いつも夫である殿下を立て、謙遜していらっしゃる。天皇家に嫁いで二十五年。美智子さまは、妻として、母として、これまでの日本の歴史にはない、民間出身の皇太子妃としての役割を果たしてこられた。夫君、皇太子殿下が夢にまで見た、あたたかいホームを築いてこられたのである。

1976(昭和51)年11月21日、珍しいご一家揃っての乗馬姿。学習院高等科時代に馬術部のキャプテンだった皇太子殿下は、東宮御所内に馬場を設けて、ご家族で馬に親しまれた。

1987(昭和62)年11月、皇太子殿下のチェロ、美智子さまのピアノ、浩宮さまのビオラでホームコンサート。美智子さまはハープもお得意。礼宮さまのギター、紀宮さまのピアノ、お子さま方に生涯の趣味を持たせたお二人の音楽への愛。

右／1985(昭和60)年10月、東宮御所を散策されるお二人。前年、銀婚式の記者会見の中で、皇太子殿下(当時)は「家庭という身近なものの気持ちを十分に理解することによって、初めて遠いところにある国民の気持ちを理解できるのではないか」と語られた。家庭を大切にするという、ご成婚以来お二人が貫かれてきた姿勢だ。
下／1976(昭和51)年10月、東宮御所の庭で愛犬とお散歩。大きく育った白樺の林を背景に。

1982(昭和57)年10月14日、48歳の誕生日を前に東宮御所のコートでテニスを楽しまれる美智子さま。ラケットは幾度も修理に出し、相当使い込まれたものとお見受けした。末っ子の紀宮さまが学習院女子中等科に入学され、子育ても一段落。妻・母・皇太子妃としての充実感に溢れた笑顔だ。

母との別れ――正田富美子夫人の死去

静かに迎えた別れの時

一九八八（昭和六十三）年五月二十八日深夜、美智子さまの実母・正田富美子夫人は、一年近い闘病の末、帰らぬ人となった。日本で初めて民間から皇太子妃を皇室に送り出した母親でありながら、娘への思いを決して外へ出さず遠くからそのお立場を思うという、どこまでも控えめな母であった。

午後八時過ぎ、危篤の知らせで、東京・築地の聖路加国際病院に駆けつけた美智子さまは、礼宮さま、紀宮さま、正田家の人々とともに、病室で臨終を看取られた。富美子夫人の病室二二二号室の前には、医師や宮内庁の職員が詰めていた。十一時過ぎ、「死去」の知らせが流れると、美智子さまは病室から出て一言、「安らかな、静かな死でした」とお話しになった。美智子さまはその後、数十分お別れを惜しまれ、午前〇時過ぎ、医師や看護師一人ひとりに挨拶され、病院を出る時には鎌田築地警察署長にも「大変お世話になりました」とお礼を述べられている。東宮御所へお帰りの車に乗り込む美智子さまのお顔は、涙の跡もなく穏やかな表情であったのに比べ、礼宮さま、紀宮さまのお二人はこわばった表情であった。この時、皇太子殿下（当時）と浩宮さまのお世継のお二方はお出ましにならず、東宮御所で待機しておられた。

正田家は、二十九日未明、日清製粉の広報部を通して「正田家としては、皆さまにお話しすることはご遠慮したい」との意向を表明。後に、美智子さまに付き添った礼宮さまが、宮内記者会からの質問に文書で回答を寄せている。

「よい思い出がいろいろありますが、今は控えたく思います。ただ、今回のことで一つ言わせていただければ、故人の闘病、臨終、葬儀などを通して、私は母が皇室の一員であるという自覚をいつも保ちつつ、同時に正田家への感謝と懐かしさをどんなに深く感じていたかを知りました。『私はもう正田家のものではなく、公人です』と言ったという一部の報道は母の皇族としての自覚と、正田家が皇室に対してとってきたけじめをよく表しているのですが、母は決して自分を『公人うんぬん』などと表現する人ではないし、自分を育てた家庭や母校に、いつも温かな気持ちを持っていますので、誤解があると残念です」

仲良し母娘

正田家に富美子夫人のご遺体が戻った五月二十九日、美智子さまは皇太子殿下やお子さま方とともに亡き母上を弔われている。お揃いで正田家にいらしたのは、ご両親の金婚式のお祝い以来のことであった。翌三十日、午前十時から神式で行われた密葬には、三人のお子さま方とともに美智子さまも参列された。美智子さまが目を赤くされ、悲しみの深さが伝わってきた。午前十一時、額縁の中で優しく微笑む富美子夫人のご遺体が、長男の正田巌氏、次男の修氏ら親族で霊柩車に納められた。美智子さまは玄関までお出になられ、車の姿が見えなくなっても、さらに目で追い続けていた様子であった。密葬の後、美智子さまは九十日間、皇太子殿下は一週間、お子さま方はそれぞれ三十日間の喪に服された。

富美子夫人の闘病中、美智子さまは何度もお忍びで病院にお見舞いに行かれている。かつての皇室ではたとえ肉親であっても、幾度もお見舞いなどできることではなかった。それが可能になったのは、皇太子殿下のご理解と開かれた皇室を築こうとされたお二人の努力の表れだと思う。

富美子夫人の友人によれば、美智子さまと富美子夫人は「一卵性双生児」と言われるほど仲睦まじい母娘だったという。確かに、「明るくてきぱきしたところ、完全主義なところ、他人によく気を遣うところが、お二人はそっくりだった」と同級生は語っている。また、富美子夫人について「まるで神経がスーツを着て歩いておられるようだ」とまで言った親族の方もいた。そんな最愛の母との別れだった。

葬儀から七カ月後、昭和天皇の崩御により、美智子さまは皇后になられた。ただ一つ残念なのは、富美子夫人がその日を見ることなく逝ってしまわれたことだ。

1958(昭和33)年11月、母・富美子夫人と散歩をする美智子さま。ご婚約発表の前、お妃候補としてマスコミに注目されていた時期。娘は母の作品。娘の人格形成の基本には母の生き方、ものの考え方がそのまま投影される。

皇族として生きる覚悟――万が一の恐怖に晒されて

ご夫妻を襲った三つのテロ事件

天皇陛下と美智子さまのお揃いでの公務や、記者会見などを折にふれて拝見していると、陛下は美智子さまを最愛のパートナーとして、またそのご公務の能力を高く評価しておられることがよく分かる。両陛下のご公務は、いかに厳重な警備があるとはいえ、予期せぬ危険が皆無ではない。今の時代なら、国際的なテロの危険性も考えられる。そうした万が一の恐怖に晒されながら、陛下とともに公務に取り組まれる美智子さま。ストレスも多大なものと推察する。

振り返ってみると、お二人が初めて咄嗟の危険に晒されたのは一九五九（昭和三十四）年四月十日、結婚の儀の直後に行われたパレードであった。お二人を乗せた馬車が皇居前広場から祝田橋にさしかかろうとした一瞬、突如一人の青年が、人垣から警官の合間をくぐって飛び出し、こぶし大の石を投げつけたのだ。一つ目の石は馬車に当たり、二つ目はお二人の前をかすめたが、やにわに馬車に手をかけ乗り込もうとした。男は警官によって即座に現行犯逮捕。

十九歳の青年は天皇制に反感を持ち、「こんなお祭り騒ぎをするのはけしからん」というのが動機だったそうだ。その映像を捉えた日本テレビ技術局、安波次夫カメラマンは「私は八メートルの台上に六〇〇ミリの望遠レンズをつけてパレードを狙っていましたが、暴漢が馬車にのしかかろうとした時、皇太子殿下（当時）が美智子さまをかばっていらしたのがよく分かりました」と語っていた。

一九七五（昭和五十）年七月十七日、皇太子殿下と美智子さまは海洋博覧会の開会式ご出席のため、初めて沖縄を訪問された。その折に、ひめゆりの塔の前で火災ビンを投げられる事件が起きた。殿下と美智子さまの前に火炎ビンが投げられ、突然ボーッと上がる火の手。現場は大混乱だ。警備のＳＰは皇宮警察本部の杉山課長率いる私服警察官。その場で犯人を組み敷き、二名を現行犯逮捕した。

その時の様子を、当時のひめゆり会会長・源ゆき子さんは「不意に、慰霊塔の裏から男たちが飛び出し、火炎ビンを投げつけたのです。殿下は咄嗟に美智子さまの肩に手を回されて、かばうようになさいました」と話した。殿下は美智子さまをかばいながら、ズズッと後ずさりされ、安全な場所へ移動された。そして、「源さん無事でしたか、みなさんお怪我はなかったですか」と冷静な第一声。夕方、警備の責任者が両殿下が滞在されているホテルに「警備の不手際」をお詫びに出向くと、美智子妃の白いおみ足には打撲のあざが見受けられた。殿下からは東宮の黒木従達侍従を通して、「警備の警察官を処分しないように警察庁長官に電話を」というご指示があったと伺った。

「払われた多くの尊い犠牲は、いっときの行為や言葉によって購《あがな》えるものではなく、人々が長い年月をかけてこれを記憶し、一人ひとり深い内省の中にあって、この地に心を寄せ続けていくことをおいて考えられない」

事件の後に、発表されたお言葉である。

天皇と皇后に即位後の一九九二（平成四）年十月、両陛下が中国を初訪問する直前に行われた山形県天童市のべにばな国体開会式で、三度目の事件が起きた。陛下が祝辞を述べられた時、突然競技場のトラックに飛び出した男が「天皇訪中阻止」を叫び、ロイヤルボックスに向かって発煙筒を投げつけたのだ。幸い怪我人もなく、陛下は淡々とお言葉を続けられたが、筆者はその時の映像を七倍速のスローモーションで編集し、幾度も見た。

その瞬間、美智子さまは目を大きく見開き、右手で陛下の胸をかばいながら、左手は指をぎゅっとこわばらせておられた。その冷静沈着な態度は、語り草になっている。このような予期せぬ極限の緊張感は筆舌に尽くしがたいものだ。美智子さまの右手は、さながら夫をかばう武士の妻の手という印象であった。ほっそりとしたお姿からは想像もつかないほどの、強い精神力の持ち主でいらっしゃる。

1992(平成4)年10月4日、中国訪問直前に出席された山形(べにばな)国体開会式で祝辞を述べられる天皇陛下に向かって発煙筒が投げられた。陛下をかばおうと右手を出される美智子さま。

皇太子妃殿下　御歌《みうた》

ご成婚前日

たまきはるいのちの旅に吾を待たす　君にまみえむあすの喜び

（昭和三十四年）

浩宮誕生

含《ふふ》む乳《ち》の真白《ましろ》きにごり溢れいづ　子の紅《くれなゐ》の唇生きて

（昭和三十五年）

歌会始御題　川　ブラジル

赤色土《テラ・ロッシャ》つづける果ての愛《かな》しもよ　アマゾンは流れ同胞《はらから》の棲《す》む

（昭和四十三年）

沖縄復帰す

雨激しくそそぐ摩文仁《まぶに》の岡の辺《へ》に　傷つきしものあまりに多く

（昭和四十七年）

夜寒

新嘗《しんじゃう》のみ祭果てて還《かへ》ります　君のみ衣《ころも》夜《や》気《き》冷《ひ》えびえし

（昭和五十四年）

皇太子殿下からの御歌「待ちに待った明日の来る今日の喜び」への返歌。「たまきはる」は命の枕詞。「命懸けであなたさまの元に参ります」とでもなろうか。

ご成婚十周年の折に、『桐華選集』に載せられた御歌。「ふふむ」は「ふくむ」の古語。真白きにごりは若き母の豊富に出る母乳を意味する。

皇室の国際親善は千人の大使派遣に相当するともいわれる。若き日の両陛下は南米ブラジルにお出かけになり初代の移民と交流。その苦労を偲ばれた。

皇太子妃時代の美智子さまは、殿下とともに三度も沖縄を訪問された。昭和五十年には、ひめゆりの塔で火炎瓶事件に遭遇されている。

深夜に及ぶ神事「新嘗祭」を終えた皇太子殿下の斎服を手にとれば冷え冷えとした夜気が伝わってくる。神事を務める夫を労る気持ちをお詠みになった。

COLUMN

美智子さまのファッション

気配りの行き届いた服選び

1962（昭和37）年8月、はるか北方領土をのぞむ。大きな襟とプリーツのワンピースは昭和30年代の初々しい公務スタイル。花のコサージュは当時からお気に入り。リボンがかわいらしいブルトンの麦わら帽子。

美智子さまと二人のデザイナー

皇后美智子さまは一九八五（昭和六十）年、一九八八（昭和六十三）年、一九九〇（平成二）年の三度にわたり、国際ベストドレッサー賞を贈られている。三度目の受賞では「世界の服装界における国際的宝」と特別な批評をされ、そのファッションセンスは高い評価を得ている。明治以来のロイヤルファッションの伝統を守り、かつ時代に合わせた堅実な着こなしを実践してこられた美智子さま。その装いは、国内外で称賛と憧れの的となっている。

美智子さまのファッションを年代的に振り返ってみよう。皇太子妃となられて最初の十年間は、デザイナー芦田淳氏が担当。芦田氏はご成婚パレードを麹町の高級帽子店ベル・モードの二階からご覧になっていたそうだ。芦田氏の美智子妃へのテーマは「スーツを究める」だった。今でも公務でお召しになるスーツは、着こなしの良いことで定評がある。

札幌オリンピックの年（一九七二年）、美智子さまにトルコブルーのスポーティブなパンツスーツをお着せしたのは中村乃武夫氏。中村氏は後に、秋篠宮紀子妃の婚礼衣裳と参拝服を担当し、改めて独特のセンスの良さを発揮した。

1973(昭和48)年8月、自然公園大会(阿蘇草千里)にご臨席。大きなサングラスも自然に取り入れて。スポーティブなサファリ風ジャケットを真珠のブローチでまとめて。

以後、現在に至るまで、メインのデザイナーは植田いつ子氏ひと筋。植田氏は「デコルテのできる方」ということで、文化出版局の今井田勲氏と、銀座・マリヨンのデザイナー越水金治先生の推薦で御所に上がるようになった。リフォームなど、どんな難しいご注文にも丁寧に応じられている。

また、植田氏はご公務で国内外へ行かれる際の旅行準備にも関わっておられる。美智子さまは国内の訪問先にちなんだ生地を取り入れたり、海外では日本の素材や伝統的なモチーフを使った服をお召しになる。例えば日本独特の佐賀錦、ぼかし染め、絵羽などを巧みに取り入れたドレスなどは海外公務で好評だ。国内では、久留米絣や琉球紬などの生地をさりげなく配した御当地ファッションも、全国植樹祭などで喜ばれている。

リフォームとお気遣いの達人

ご公務などで美智子さまがお出ましになる時のファッションを楽しみにしている人は多い。合わせる小物を工夫することで同じスーツを何度もお召しになるなど、皇太子妃時代からお洒落が上手だった美智子さまは、ドレスのリフォームもよくなさっている。その一例をご紹介しよう。

　一九八〇年代、皇太子妃時代最後のアメリカご訪問に、美智子さまは植田氏のロングイブニングドレスを着用された。スカートはタイト風のロングで、上半身は片身替り（歌舞伎の助六の衣裳を想像してみてほしい）になったものだ。身頃の片方は濃紺、もう片方は純白。米国の国花ハナミズキのブローチを、佐賀錦のつまみという手法で作り、濃紺地の身頃の胸元につけら

1977(昭和52)年11月、富士見小学校100周年で同校を訪れたお二人。色白の美智子さまは淡いピンクのスーツがよくお似合い。帽子の羽毛はお祝いの気持ちを込めて。ブローチと2連のネックレスは真珠で統一。

美智子さまのジュエリースタイル

　ジュエリーをつけることはマナーの一つであり、ドレスアップの仕上げでもある。美智子さまのジュエリー使いにも、明確なポリシーがうかがえる。例えばネックレス、ブローチ、イヤリング、ブレスレットなど複数のアイテムをおつけになる場合は、ゴールドやプラチナなど地金の種類を統一されることがほとんどだ。ショルダーバッグのチェーンの色まで見事に揃っている時もある。

　そして、美智子さまご愛用の宝石といえば真珠だ。ダイヤモンドやルビーのような鉱物の産出がない日本では、古くから宝物《ほうもつ》とされてきた真珠が代表的な宝石。世界で初めて真珠養殖に成功したこともあり、海外でも「真珠といえば日本」というイメージは強い。思えば一九五九（昭和三十四）年のご成婚の日、実家の正田邸から出発された際に身につけていらしたのもアコヤ真珠のチョーカーとイヤリング、二連のブレスレットだった。ローブ・デコルテで正装される時の勲一等宝冠章も、正章は百五個、副章は二百十三個の真珠で飾られている。皇室の女性方にとって真珠のジュエリーは欠かせないものだ。

　ご公務のスーツ姿でよくお見受けするのは、ネックレスやブローチ。ネックレスは襟のデザインに合わせて一連のチョーカータイプやオペラタイプ、二連や三連のものを使い分けていらっしゃる。また、スーツをお召しになることが多い美智子さまは、襟元に真珠のブローチをよくおつけになる。位置は左の上襟。やや高めの位置につけることで全体のバランスがよくなる。これまでの美智子さまの写真を拝見すると、三十年以上お使いになっている真珠のブレスレットなどもあり、手入れをされながら大事につけられてきた様子がうかがえる。

　ボリューム感のある帽子をお召しになっていた昭和三十〜四十年代は、イヤリングをつけられない場合が多かった。小ぶりな帽子を愛用されるようになるとイヤリングが必須アイテムとなり、特に昭和六十年代以降は雫型の真珠のイヤリングを頻繁につけられている。

（編集部）

1987（昭和62）年10月6日、ホワイトハウスでレーガン米大統領夫妻主催の晩餐会にご出席。美智子さまは、植田いつ子氏デザインの片身替わりのイブニングドレスに佐賀錦でアメリカの国花ハナミズキの刺繡。日の丸をイメージしたナンシー夫人の真紅のドレスと絶妙なコントラスト。この片身替わりのドレスは少しずつリフォームしながら、昭和から平成にかけて10年間、何度も着回しをされた。

れた。一方のナンシー・レーガン大統領夫人は、日の丸をイメージした真紅のロングイブニングドレス。ゲストとホステスがお互いに引き立て合う国際交流ファッションとして、当時大変話題になったものだ。

　一九九二（平成四）年三月十六日、ペルーのフジモリ大統領を迎えての宮中晩餐会でも同じドレスをお召しだったが、佐賀錦のブローチは大輪の薔薇の花に変わっていた。そしてもう一例。一九九六（平成八）年三月十三日、ブラジルのカルドゾ大統領を迎えての宮中晩餐会では、襟元をすっきりと和服風にリフォームされ、白地のお胸にブラジル産の宝石アクアマリンのブローチをつけて臨まれた。

　このように、美智子さまは昭和から平成にかけて十年以上もの間、ご自身の気配りと着回しで、一着のドレスを長くお召しになっている。取材で植田氏に、「佐賀錦のデコルテは何枚おつくりですか？」と尋ねたところ、「ジャーナリストの方は、すぐ数を聞かれるので困りますね。この二十年で十枚くらいかしら」と、たしなめながらも優しく答えてくださった。

若い妃殿下方を引き立て、ご自分は渋く

　国賓を迎えて皇居の新宮殿で催される宮中晩餐会は、日本で最も華麗な宴会である。一九九六（平成八）年四月十七日、米国クリントン大統領夫妻歓迎の宮中晩餐会が、豊明殿で開かれた。豊明殿には、夕空に五色の雲が美しくたなびく豊幡雲《とよはたぐも》のタピストリーがかかっている。このつづれ織は、天智天皇が万葉集に収められた御歌にちなんだものだ。

上／1973(昭和48)年8月、熊本で。お二人は白とネイビーで夏らしいコーディネイト。美智子さまの水玉柄の帽子は共布でブラウスもお作りになっている。コンビタイプのパンプスも長年ご愛用。左／1975(昭和50)年10月、帰国される昭和天皇・香淳皇后をお出迎え。洋服からバッグまで白で統一された爽やかな装い。

わだつみの　豊幡雲に入日さし
今夜の月夜　さやけかりこそ

メインテーブルの中央に美しく飾られた季節の花、国賓のクリントン大統領と並んで天皇陛下がご着席。陛下の左側にヒラリー夫人が座り、皇后美智子さまはクリントン大統領の右側に着席された。

美智子さまは、ゴールドの疋田鹿の子をベルト風にあしらったレースづかいのイブニングドレス。皇太子妃雅子さまは、ショッキングピンクのイブニングドレスで、Vネックがよくお似合いだ。若いお母さまでいらっしゃる秋篠宮妃紀子さまは、クリーム色のイブニングドレスをお召しになっておられる。清子内親王は、お嬢様らしい純白のレースのドレスをご着用。

この時、美智子さまをはじめ妃殿下方のファッションを見て、筆者は以前と何かが違うと感じた。これまでの宮中晩餐会ファッションを振り返ってみると、昭和の時代は香淳皇后が一番ゴージャスでいらした。他の妃殿下方は、それよりも紙一重、お控えになったファッション。平成に時代が移ると、美智子さまは若い妃殿下方を華やかに装わせ、ご自分はむしろ渋く、上品に決めていらっしゃるようにお見受けした。

1986(昭和61)年2月、ボストン・フィルハーモニー管弦楽団のパーティーに出席されたお二人。植田いつ子氏デザインのイブニングドレスを着こなす美智子さま。シルクタフタのイブニングドレスは金茶と白の間にシルバーグレーを配することで一段と上品に。皇太子殿下(当時)もブラウンのネクタイでさりげなく合わせて。

そこには、今後の国際社会で活躍される若い妃殿下方をお引き立てになる、美智子さまの細やかな心配りが感じられる。

考え抜かれた被災地での装い

今年三月に発生した東日本大震災。喜寿を迎える皇后美智子さまにとって、七週連続の被災地訪問はお身体に大変な負担があったと思う。今回の被災地での美智子さまの装いを紹介しよう。腰までの丈のグレーのジャケットに、黒のゆったりとしたズボン。太いズボンは避難所内での移動や立ち居振る舞いがしやすいように、というご配慮もあるのだろう。また、首元からゴミやほこりが入らぬよう、インナーはハイネックをご着用。靴は瓦礫の上も歩けるようなスニーカー風のものを履かれている。陛下も動きやすいジャンパーをお召しでいらっしゃった。美智子さまのこの活動的な装いは、御病中の陛下をかばうためとも考えられる。

ご自分の好きな物をお召しになるのではなく、つねに公務先の事情に合わせた服装を準備される。美智子さまはこの被災地訪問にあたり、避難所の方々を配慮し、ずっと同じファッションで出向かれたのだ。

第3章

祈る皇室から行動する皇室へ

皇后陛下

1989(平成元)年即位
54歳〜

金婚式――五十年の歩み

目を潤ませて語られた天皇陛下

「天皇として務めを果たしていく上に、大きな支えとなってくれました」

二〇〇九（平成二十一）年四月、金婚式を迎えられた時の会見で、天皇陛下は皇后美智子さまにこう感謝のお気持ちを表された。そして陛下は目を潤ませながら、次のようにお話しになった。

「皇后は、結婚以来、つねに私の立場と務めを重んじ、また私生活においては昭和天皇をはじめ、私の家族を大切にしつつ、私に寄り添ってきてくれたことを嬉しく思っています。不幸にも若くして未亡人となった私の姉の鷹司《たかつかさ》神宮祭主のことはいつも心にかけ、那須、軽井沢、浜名湖でよく夏を一緒に過ごしました。姉は自分の気持ちを外に表さない性格でしたが、ある時、昭和天皇から私どもと大変楽しく過ごしたと聞いたがどのように過ごしたのか、というお話があったことがありました。皇后はきょうだいの中で姉だけを持たず、私との結婚で姉ができたことが嬉しく、誘ってくれていたようなのですが、この時の昭和天皇が大変喜ばれた様子が今でも思い出されます。私ども二人は育った環境も違い、特に私は家庭生活をしてこなかったので、皇后の立場を十分に思いやることができず、加えて、大勢の職員とともにする生活には戸惑うことも多かったと思います。しかし、何事も静かに受け入れ、私が皇太子として、天皇として務めを果たしていく上に、大きな支えとなってくれました」

めったにご自分の感情を表さない陛下が、途中でお言葉を詰まらせる場面もあった。一方の美智子さまは、「五十年前、普通の家庭から皇室という新しい環境に入りました時、不安と心細さで心がいっぱいでございました。今日こうして、陛下のおそばで金婚の日を迎えられることを夢のように思います」と控えめに応じられた。そのお言葉にあるように、美智子さまとの結婚は、陛下に憩いと安らぎの家庭をもたらしたのである。

お互いを思いやり続けた五十年

記者団の質問に対し、陛下はさらにこう述べられている。

「私のプロポーズの言葉は何かということですが、当時、何回も電話で話し合いをし、ようやく承諾をしてくれたことを覚えています。プロポーズの言葉として一言で言えるようなものではなかったと思います。何回も電話で話し合いをし、私が皇太子としての務めを果たしていく上で、その務めを理解し、支えてくれる人がどうしても必要であることを話しま

1991（平成3）9月29日、仏教寺院などの遺跡が残るタイ・スコータイの歴史公園を見学される天皇皇后両陛下。両陛下は同年9月から10月にかけて約10日間の日程でタイ、マレーシア、インドネシアを訪問された。

した。承諾してくれた時は、本当に嬉しかったことを思い出します。（中略）夫婦として嬉しく思ったことについての質問ですが、やはり第一に二人が健康に結婚五十年を迎えたことだと思います。二人のそれぞれの在り方についての話し合いも含め、何でも二人で話し合えたことは幸せなことだったと思います。皇后は真面目なのですが、面白く楽しい面を持っており、私どもの生活にいつも笑いがあったことを思い出します。（中略）

語らひを重ねゆきつつ気がつきぬ
われのこころに開きたる窓

婚約内定後に詠んだ歌ですが、結婚によって開かれた窓から、私は多くのものを吸収し、今日の自分を作っていったことを感じます。結婚五十年を本当に感謝の気持ちで迎えます。終わりに、私ども二人を五十年間にわたって支えてくれた人々に深く感謝の意を表します

そして皇后さまは、「この五十年間、陛下はいつも皇太子、また天皇としてのお立場を自覚なさりつつ、私ども家族にも深い愛情を注いでくださいました。陛下が誠実で謙虚な方でいらっしゃり、また、つねに寛容でいらしたことが、私がおそばで五十年を過ごしてこられた何よりの支えであったと思います」と五十年の日々を振り返られた。

両陛下は、皇室のあるべき姿として「国民の幸せを願うこと」「国民のために祈ること」を一日として忘れたことがない。その積み重ねが五十年の軌跡となった。

この会見の様子は殺伐とした時代にあって、後味の良い愛情に溢れた感動的なものであった。陛下はこの日、お二人と同じ平成二十一年に金婚式を迎える百組の夫婦を茶会にお招きになり、五十年連れ添われたことをともに喜び、お祝いになった。

御製（天皇陛下の御歌）

東京大学医学部附属病院を退院して

もどり来《こ》し宮居の庭は春めきて　我妹《わぎも》と出でてふきのたう摘む

（平成十五年）

皇后陛下御歌

春

癒えましし君が片《かた》へに若菜つむ　幸おほけなく春を迎ふる

（平成十五年）

二〇〇九（平成二十一）年二月五日、ご静養に訪れた葉山御用邸近くの海岸を散策する天皇皇后両陛下。天皇陛下は二〇〇二（平成十四）年末に受けられた検査で前立腺にがん細胞の存在を確認。翌年一月十八日、東京大学医学部附属病院で前立腺摘出手術を受けられた。その後は順調に回復され、二月八日に退院。同月十八日には公務に復帰された。上のお二人の御歌はその時の思いを詠まれたもの。

1993(平成5)年4月16日、国際婦人福祉協会創立40周年慈善晩餐会で天皇陛下とダンスをされる美智子さま。

1991(平成3)年12月9日、赤坂御所の庭をお二人で散策。前年に即位礼もお済ませになり、くつろがれる両陛下。

1994(平成6)年6月10日〜26日、天皇皇后両陛下はアメリカをご訪問。写真は16日、ニューヨークのロックフェラー邸の庭でバラの花(プリンセス・ミチコ)を手に散策される美智子さま。白地の帯に空色の組紐の帯締めが爽やか。

2007(平成19)年5月24日、スウェーデン・ウプサラ市で、博物学者リンネの生誕300周年祝賀委員長主催の晩餐会に出席される天皇皇后両陛下とグスタフ国王夫妻。左端はビクトリア皇太子。

1993(平成5)年6月11日、皇太子殿下と雅子さまのご結婚の祝宴を前に。美智子さまが民間からたった一人で嫁がれて34年。3人のお子さまが生まれ、2人の民間出身の妃殿下を迎え、ご一家はにぎやかになった。

国民とともに歩む開かれた平成の皇室

次男の婚約を喪中に発表

一九八九（平成元）年一月九日、今上陛下は即位後、朝見の儀で、「みなさんとともに日本国憲法を守り、これに従って責務を果たすことを誓い、国運の一層の進展と世界の平和、人類福祉の増進を切に希望してやみません」とお話しになった。

「みなさん」という呼びかけ方、「ですます」調のスタイル。〝開かれた平成の皇室〟を目指すご意向は、そのお言葉にも感じられた。天皇家の仕事には「平和祈念」「伝統文化の継承」「国際親善」という三つの柱がある。美智子さまはこのご公務に、陛下とともに誠心誠意取り組まれてきた。

まだ昭和天皇の喪中であった一九八九（平成元）年九月十二日、天皇家の次男・礼宮文仁親王と川嶋紀子さんの婚約が内定。日本一の旧家天皇家が「長幼の序」を覆し、弟が兄より先んずるというお許しが出たのである。美智子さまは、成長した次男とある程度の距離を置かれて、紀子さんとの五年に及ぶ交際を見守られてきた。文仁親王と紀子さんの結婚は、〝開かれた平成の皇室〟の申し子といえる。翌一九九〇（平成二）年六月二十九日、礼宮さまはご結婚。秋篠宮家を創設され、天皇家に新しい風が吹き込んだ。

同年十一月十二日、天皇陛下の即位を内外に宣言する「即位の礼」が古式にのっとって行われた。皇居の長和殿、豊明殿には約二千五百人が参列し、英国のチャールズ皇太子、ダイアナ妃夫妻や、ベルギーのボードワン国王ら王族をはじめ、ドイツやフランスの大統領ら百カ国五百人の代表の姿があった。新皇后となられた美智子さまは、流暢と折紙つきの英語や仏語で高御座《たかみくら》（天皇位を象徴する玉座）や御帳台《みちょうだい》（即位の礼における皇后の御座）を海外ゲストに解説された。

皇居から赤坂御所までの四・七キロのパレードが行われ、その夜から四日間、昼夜七回にわたる「賢所饗宴の儀」にお出まし。招待客は約三千五百人。両陛下、ゲストともに第一級の礼装で、平成の幕開けにふさわしい華やかな皇室外交が繰り広げられ、その中でも二十四歳の秋篠宮さまと紀子妃がひと際花をそえていた。

平成の皇室は共働きである。陛下のおそばに寄り添い、ともに歩み、補佐役としてお助けすることが皇后に求められ、美智子さま自身、その形を望んでおられた。

新しい家族に囲まれて

一九九一（平成三）年十月二十三日、秋篠宮妃紀子さまが長女・眞子さまをご出産。体重三三三八グラム、身長五〇センチ。女の子の出生時の平均を上回る健やかな赤ちゃんだった。ご夫婦は初孫をお見せするという親孝行を果たされた。赤ちゃんと対面して頰ずりされる若き父、秋篠宮殿下は二十五歳。「私に似てかわいい」と満面の笑みで、跳びあがらんばかりのお喜びようは、そのまま国民にも伝わってきた。おばあさまになられた美智子さまは、初孫誕生の喜びを御歌に詠まれた。

草生《くさふ》

春の光溢るる野辺の柔かき
草生の上にみどり児を置く

この初孫のベビーベッドは、かつて浩宮さまや礼宮さま、紀宮さまもお使いになった〝お古〟。ベッドは籐製のものと柵で囲ったものの二種類が、大切に倉庫にしまってあった。それを秋篠宮さまは、美智子さまにご所望になったのだ。天皇家では、一度買ったものを捨てずに幾度も使う習慣がある。他にも産着や洋服をはじめ、おもちゃ、本など、美智子さまは物を長く大切になさる。

紀子さまの初めてのご出産を担当した主治医坂元正一東大名誉教授（宮内庁御用掛）は、若い母となられた紀子さまについて、「あのスマイル、これは作ってできるものではないですね。本当に嫌なお顔をされたことは一度もありません。妊婦さんとしても万点を差し上げられるし、逆に私のほうが教えられることが多かったです」と語られた。秋篠宮家には、一九九四（平成六）年に第二子の佳子さまが誕生された。

一九九三（平成五）年六月九日、皇太子殿下と小和田雅子さんがご成婚。雅子さまは六年を経た一九九九（平成十一）年、一連の婦人科治療を経て授かった第一子を流産された。責任感の強い雅子さまにとって、「継承という公務」を十分に果たすことができないのが深い心の傷になっているのではないだろうか。二〇〇一（平成十三）年十二月一日、待望の第一子、敬宮愛子内親王をご出産された。

二〇〇六（平成十八）年に秋篠宮家にお生まれになった悠仁親王を含め、天皇皇后両陛下は四人のお孫さまの祖父母となられた。

1990（平成2）年11月12日、即位礼正殿の儀で十二単を着用された皇后陛下。髪は大垂髪《おすべらかし》。

「陛下が久しぶりに海で二挺艪の和舟を漕がれ、悠仁も一緒に乗せて頂きましたが、
(中略)御用邸にもどって後、高揚した様子で常にも増して活々と動いたり、
声を出したりしており、その様子が可愛いかったことを思いだします」

――平成二十年の誕生日に際し、宮内記者会質問に対する文書回答

2009(平成21)年9月14日、葉山で船遊びをされた(手前から)悠仁さま、天皇陛下、皇后陛下、秋篠宮紀子さま。陛下は3度ほど悠仁さまを乗せて和船を漕がれている。

2008（平成20）年12月、天皇陛下の誕生日を前に御所の庭で。疋田絞のお召し物がよくお似合いの皇后美智子さま。この年、宮内庁は陛下の健康状態から、公務や宮中祭祀の軽減などの検討を開始。

慰霊と鎮魂の旅

日本人が忘れてはならない日

一九八一（昭和五十六）年八月、当時皇太子だった天皇陛下は軽井沢でこう話された。

「日本では、どうしても記憶しなくてはならないことが四つあると思います。終戦記念日、広島・長崎の原爆の日、六月二十三日の沖縄戦終結の日です。一般人を巻き込んで地上で戦闘が行われたのは、全土の中で沖縄だけです。その犠牲は広島・長崎に比べても決して小さくないと思います」

美智子さまのお気持ちもご一緒である。天皇の名の下に戦争の犠牲となった国内外の人々の霊を弔い、平和を祈る行動は、天皇家の大切な仕事の一つだ。この四つの日は「お慎《つつし》みの日」として、毎年天皇家では一分間の黙禱が捧げられる。陛下と美智子さまは、「これは子供たちにも、ぜひ伝えていかなければならないことだと思っています」とお話しになった。

沖縄戦は、昭和天皇の負の遺産として忘れてはならないものである。一般人二十万人を巻き込んだ悲惨な地上戦。陛下と美智子さまは、昭和天皇が全国巡行で唯一足を運ばれなかった沖縄へ、すでに皇太子時代に三度もお出かけになっている。一九七五（昭和五十）年には海洋博で火炎瓶事件にも遭遇された。

戦後米軍に占領された硫黄島が、小笠原諸島とともに返還されて二十五周年を迎えた一九九四（平成六）年二月。両陛下は歴代天皇として初めてこの島を訪問された。ご訪問の折、両陛下は必ずその土地について勉強される。例えば、硫黄島の場合は『なにも語らなかった青春―学徒出陣五十年、歴史を創ったわだつみの若者たち』（多田実著／三笠書房）という本がある。最後まで島に残って戦死した、海軍学徒兵百八十三名の思いが綴られている。こうした資料に目を通されるだけではなく、奇跡の生還を果たした著者の多田実さんを皇居に招かれ、水のない苦しさや地下壕掘りの過酷な状況について熱心に質問された。前年秋以来、失声症を患われながらも公務を続けられてきた美智子さまは、この硫黄島・小笠原諸島訪問でお声を取り戻された。

「遺族の方々はみなさんお元気でいらっしゃいますか」

これがご公務の第一声であった。遺族代表によれば、「きれいなよく通るお声でした。すっかり元に戻られたご様子」だった。ちなみに、プライベートでの第一声は「陛下」「サヤ」だった。

硫黄島

慰霊地は今安らかに水をたたふ
如何ばかり君ら水を欲りけむ

弱者に心を寄せ続ける

平成の皇室は「祈る皇室」から「行動する皇室」に進化した。一九九一（平成三）年六月、長崎県島原の雲仙普賢岳で火砕流が発生。明くる七月、陛下と美智子さまは現地に災害のお見舞いに向かわれた。避難所で両陛下は茣蓙《ござ》の上に被災者とともにお座りになり、不安な日々を過ごす人々一人ひとりに声をかけられ、励まされた。優しいお言葉にどれだけの人が勇気をいただいたことだろう。陛下と美智子さまは三宅島噴火、奥尻島の津波、阪神淡路大震災、新潟県中越沖地震などの大災害が起こるたびに現地を訪問され、被災者のお見舞いを続けてこられた。現地では上着や帽子をとった軽装で、避難所の床にピタリと座った姿勢で慰問を続けられた。

一九九五（平成七）年の阪神淡路大震災。災害の爪痕も生々しい一月三十一日、陛下と美智子さまはお揃いで被災地に入られた。ヘリコプターからバスを乗り継ぎ、避難所の体育館で靴を脱いで人々に歩み寄られ、「大変でしたね、大丈夫ですか、お腹は壊してはいませんか」と労りの言葉をかけられた。この励ましに溢れる涙を拭う人も多かった。

こんなこともあった。二〇〇一（平成十三）年一月十七日、阪神淡路大震災を追悼する「1・17ひょうごメモリアルウォーク」では、お兄さまのジャンパーを借り、スニーカー姿の紀宮さまが、一般参加者に交じって暗闇の中の数キロの行程を歩かれた。当初、イベント主催者は車で移動していただく手配をしていたが、現場で紀宮さまは「私は何のために行くのですか、みなさんと歩くためにでしょう」とおっしゃり、参加者と一緒に歩かれた。この紀宮さまの公務への姿勢は、美智子さまのそれに重なるところが多い。降嫁された黒田清子さんの存在が、次世代の皇室のあり方の鍵になるのではないかと感じている。

1995（平成7）年1月31日、阪神淡路大震災の被災者を見舞うため兵庫県へ。神戸市長田区菅原商店街の焼け跡を視察される両陛下。

1995（平成7）年7月27日、広島市の平和記念公園の原爆死没者慰霊碑を訪れた天皇皇后両陛下。戦後50年にあたるこの年、陛下の強い意向で長崎、広島、沖縄、東京を巡る慰霊の旅が行われた。

2010(平成22)年8月15日、東京・千代田区の武道館で行われる全国戦没者追悼式で黙禱する天皇皇后両陛下。戦時中はともに疎開生活を体験された。昭和天皇の負の遺産である太平洋戦争の戦没者に対し、皇太子時代から鎮魂と謝罪の拝礼を続けてこられた。

巣立つ子供たち

お子さま方からの贈りもの

二〇〇八（平成二十）年十月十五日から二十七日まで東京・日本橋髙島屋で開催された写真展「皇后さまと子どもたち」の入場者数は、八万四四六八人と大入り満員であった。写真展は美智子さまの古希にちなみ、三人のお子さま方が計画。開催中の十八日には両陛下も、お子さま方とともに写真をご覧になった。美智子さまは、いつの間にか「ナルちゃん、アーヤ、清子ちゃん」と幼き日の愛称を呼ばれていたと伺った。宮内庁によれば、両陛下と三人のお子さま方が公の場でお揃いになったのは、一九八八（昭和六十三）年の大相撲観戦以来のことである。

特筆すべきは、両陛下がご家族を撮影された貴重なカットが紹介されたことだ。一枚は軽井沢で夏を過ごされた時のもの。美智子さまの美しさと、親子同居の安らぎがうかがえた。ちなみに美智子さまを写す陛下のアングルはいつも右。理系の学者らしい端正な構図は、妻に捧げる愛ある一枚とお見受けした。一方、学生時代からヤシカを愛用なさっていた美智子さまは、腕のよいママさんカメラマン。カメラは小型の走りであるオリンパスペンS。操作が難しく、しぼり、距離を自力で整え、一瞬でシャッターを押さなくてはならない。

一九七一（昭和四十六）年の軽井沢。母君のカメラは、まだ二歳四カ月の利発な清子内親王の目力をしっかりと捉えている。頰を寄せ、おすましの妹宮に密着するお兄ちゃまの礼宮さま。

同年、陛下と美智子さまは公務で六月にアフガニスタンを訪問された。ご成婚から十二年の時を経て、御所の庭に植えられた皇后さまのおしるしである白樺の木も大きくなった。美智子さまは、その白樺林を背景に、お子さま方の成長を捉えている。民族衣装の主役は清子ちゃん。緑はイスラム教の聖なる色を表す。お兄さま方の袖口には部族特有の刺繡があった。写真展の翌年『週刊文春』が、両陛下がお撮りになった子供たちの写真のみを誌上アンコール。筆者が解説させていただいた。これらは、毎日新聞社の写真集にも収録されている。一九七一年の歌会始御題は「家」。美智子さまの御歌をご紹介しよう。

家に待つ吾子みたりありて粉雪《こゆき》降る
　ふるさとの国に帰りきたりぬ

最愛の娘の結婚

指輪もウェディングケーキもない、黒田慶樹さんと紀宮清子内親王の結婚披露宴が二〇〇五（平成十七）年十一月十五日、帝国ホテルで行われた。お二人の希望で媒酌人は立てない。しかし、あたたかさに溢れたひとときであった。

　式を経て午後四時、披露宴が始まった。新婦のお色直しを紹介しよう。お召し物は、母・美智子さまからのお譲りで、あけぼの地に「御所解貝桶文様《ごしょどきかいおけもんよう》」の着物。噛み合う貝は一対しかないことから、女性の貞節の象徴とされる。これは一九九一（平成三）年、母上がマレーシア国王からの叙勲の折にお召しになったものだ。ふくら雀に結ばれた帯は、白地にゴールドの七宝つなぎ。こちらも一九九〇（平成二）年秋、平成即位礼の園遊会で、美智子さまがお召しになっている。「皇后さまのお下がりを」という紀宮さまのたっての希望で、晴れの日のご着用が決まった。メインテーブルには、天皇皇后両陛下。両陛下が内親王の結婚式・披露宴に出席されたのは初めてのことだ。新郎新婦は、お祝いに駆けつけた出席者のテーブルを回られた。日本舞踊の花柳流を十五年続けてこられた清子夫人の立ち居振る舞いは優雅だった。

2005（平成17）年3月29日、御料牧場を散策する両陛下と10日前に納采の儀を終えたばかりの紀宮さま。

　清子夫人は、親王並みに公務に携わった内親王であった。地方公務は七十回近く、宮中行事は三百回前後をこなし、公式外国訪問も八回十四カ国。「象徴」として公務に励むご両親陛下の後ろ姿を追い、時には母・美智子さまを「ドンマーイン」と励まされ、ご病気や苦難の時は全力で支えた。結婚準備では「何もいりません、とにかく控えめに」の一点張りだったと伺う。

　別れの朝、美智子さまは一人娘を「大丈夫よ」と胸元に抱き寄せられた。美智子さまはかつて「その日の朝、心に浮かぶことを清子に告げたいと思います」とおっしゃっていた。美智子さまのご成婚の日、亡き母・正田夫人は、無言で愛娘を抱き締め、送り出したという。父君天皇陛下は、「家族の絆は変わらないのだから、遊びにいらっしゃい」とお声をかけられた。

　黒田夫人となった清子さんは、皇族・華族ではない民間の男性に嫁いだ初めての内親王である。記者会見での一問一答にも、清子夫人は「黒田の母」という言葉を使い、決して受け身ではない、納得しての「お幸せな降嫁」とお見受けした。

2011(平成23)年1月、お正月の天皇ご一家。同年9月6日、5歳の誕生日を迎えた悠仁親王は、お茶の水女子大学附属幼稚園の年中組。最近は動く乗り物に関心をお持ちだ。愛子内親王は学習院初等科4年生、同年12月で10歳になられる。

皇后陛下　御歌《みうた》

つみ草（皇太后陛下御誕辰《ごたんしん》御兼題）

つくし摘みしかの日の葉山　先《さき》つ帝后《みかどきさい》の宮の揃《そろ》ひ在《いま》しき

（平成四年）

在りし日の昭和天皇と香淳皇后が葉山でつくしを摘まれる仲睦まじいご様子。お二人は「お上（かみ）」「良宮（ながみや）」と呼び合い労り合いながら過ごされた。

春燈

この年の春燈《しゆんとう》かなし被災地に　雛なき節句めぐり来りて

（平成七年）

同年一月十七日に発生した阪神淡路大震災。両陛下は同月三十一日に被災地へ。実際に足を運ばれ現状を確かめられたお方ならではの実感がこもっている。

広島

被爆五十年広島の地に静かにも　雨降り注《そそ》ぐ雨の香のして

（平成七年）

原爆投下から五十年の月日が流れ、静かに雨が降る爆心地で詠まれた御歌。原爆ドームも雨に濡れ、両陛下は被災者たちとともに平和を祈られた。

サッカー・ワールドカップ

ゴール守るただ一人なる任《にん》にして　青年は目を見開きて立つ

（平成十年）

サッカー・ワールドカップ、フランス大会出場決定をかけた試合をテレビでご観戦。ゴールキーパー川口能活選手の好セーブをご覧になって。

中越地震　幼児生還

天狼《てんらう》の眼も守りしか土《つち》なかに　生きゆくりなく幼子《をさなご》還《かへ》る

（平成十六年）

新潟県中越沖地震の土砂崩れに巻き込まれたワゴン車から、四日ぶりに幼子が救出された喜びを詠まれた。空にはオオイヌ座の天狼星が昇る季節であった。

美智子さまのお言葉

「殿下はただの一度もご自身のお立場への苦情を
お述べになったことはおありになりませんでした。
またどんな時にも皇太子と遊ばしての義務は最優先であり、
私事はそれに次ぐものとはっきり仰せでした」

――一九五八（昭和三十三）年の婚約発表後、黒木従達東宮侍従に

「もうオカチ（御徒町）へは行けないのよね」

――婚約発表後、聖心女子学院の後輩に

「たとへ雲の上に登っても、
わたくしは太っておりますので、
雲の間から落っこちてしまいます」

――婚約発表後、皇太子殿下との結婚で
「雲の上の人になる」と言われることに対して

「まだ宮中に上がって間もない東宮妃の頃、
（中略）梅の実の季節で、お参りの後、
昭和天皇と皇太后さまと
当時東宮でいらした陛下が、
私もお加えになり、皆様して御休所の前のお庭で
小梅をお拾いになりました。
その日明るい日ざしの中で
皇太后さまのお笑い声を伺いながら、
これからどこまでもこの御方の後に
おつきしていこうと思いました」

――二〇〇〇（平成十二）年、六月に薨去された
香淳皇后との思い出を問われて

「婚約したばかりの頃、陛下は時々私にご専門の
魚類につきお話をしてくださいましたが、
そのような時、ティラピア・モサンビカ、
オクシエレオトリス・マルモラータというように、
いつも正確に個体の名を二名法でおっしゃっており、
私はびっくりし、大変なところに
お嫁に来ることになったと少し心配いたしました」

——二〇〇七（平成十九）年五月十四日、欧州五カ国ご訪問前の
記者会見で、博物学者リンネの生誕三百年記念行事参加に触れて

「わたくしの誕生日に記事が出ると
同級生から嫌がられるんです。
年齢がわかってしまうものですから」

——一九七六（昭和五十一）年、四十二歳の誕生日会見にて

「児童文学というのは、人生のいろいろな物事を
子供たちに肯定的な目で見させるよう扱っています。
そうした人生態度、人間の見方に私は共感を覚えるのです。
また、児童文学なら、
結婚して子供ができてからでも言い訳は立つし、
女性は一生やっていい仕事だと思ったからです」

——婚約直前、先輩でもある聖心女子大学の講師に

「一児の母ともなるとあまり太ってはいられません。
（中略）難しいと思うこともたくさんあるし、辛いこともあります。
いつになったら慣れるのか見当もつきません。
両陛下（昭和天皇と香淳皇后）が優しく心を遣ってくださいますし、
世間もあたたかく見守ってくれます。何よりも家庭でいつも
二人の男性（殿下と浩宮さま）にとりまかれているのは本当に幸せです」

――一九六〇（昭和三十五）年九月十九日、訪米前の記者会見にて

「錦鶏鳥の餌は、毎日『トットット』と言って任せてください。
あまり近寄り過ぎて、目をつつかれたりしないように。
餌の器は投げないように。追いかけて逃げる面白さよりも、
餌をあげると寄ってくる面白さの方を覚えさせるように」
「誰かに手伝ってもらったときは『ありがとう』を忘れずに。
忘れたときは『ナルちゃんありがとうは？』
『宮ちゃまありがとうは？』というふうに教えてあげてください」

――一九六二～六三（昭和三十七～三十八）年、「ナルちゃん憲法」より

「私の目指す皇室像というものはありません。
ただ、陛下のおそばにあって、すべて善かれと
祈り続ける者でありたいと願っています」

――一九九四（平成六）年、誕生日の文書回答にて

「右の方から来る不思議な波が、私たちの少し前で何回かとまり、
左手の子どもたちが、心配そうにこちらを見ておりましたので、
どうかしてこれをつなげなければと思い、
陛下のお許しを頂いて加わりました」

——一九九八（平成十）年、誕生日の文書回答にて、
長野パラリンピックの会場でウエーブに参加したことについて

「どのような批判も、
自分を省みるよすがとして
耳を傾けねばと思います。
（中略）しかし、事実でない報道には、
大きな悲しみと戸惑《とまど》いを覚えます。
批判の許されない
社会であってはなりませんが、
事実に基づかない批判が、
繰り返し許される
社会であって欲しくはありません」

——一九九三（平成五）年、誕生日の文書回答にて

「清子は、
私が何か失敗したり、
思いがけないことが起こって
がっかりしている時に、
まずそばに来て
『ドンマーイン』と
のどかに言ってくれる
子どもでした。
（中略）あののどかな
『ドンマーイン』を、
これからどれ程懐かしく
思うことでしょう」

——二〇〇五（平成十七）年、
誕生日の文書回答にて、
清子内親王の降嫁を前に

「両親のもとで過ごした年月よりも
さらに長い年月が過ぎたことを思いますと、
やはり深い感慨を覚えます」

——一九八九（平成元）年八月四日、
践祚後初の記者会見での結婚三十周年の感想

1955（昭和30）年、成人の日を記念した読売新聞社の懸賞論文「はたちのねがい」で第2席に選ばれ、賞状を手に笑顔を見せる聖心女子大学2年生の正田美智子さん。

おわりに

皇后美智子さまと筆者は、奇しくも同じ一九三四（昭和九）年の東京生まれである。美智子さまは大企業の令嬢として池田山に育ち、雙葉学園から聖心女子大学に進まれた。筆者はといえば職業婦人の母のもとで青山に育ち、十一年間通った東京女学館から高校二年で都立高校へ編入、早稲田大学に進学した。境遇に大きな違いはあるものの、ともに東京の焼け跡を知る疎開世代で、戦後の耐乏生活も味わっている。また、筆者の幼稚園からの幼友達や、女学館時代の同級生が聖心に進学していたため、美智子さまと筆者の双方を知る友人も数人いた。

一九五五（昭和三十）年、大学二年の頃、読売新聞社が新成人を対象に「はたちのねがい」という懸賞論文を全国規模で公募した。筆者は三次選考で落選してしまったが、全四一八五点の応募中で第二席に入られたのが聖心女子大学二年生の正田美智子さんであった。ちなみに第一席は東大生。同年一月十五日の読売新聞には、聖心の制服（当時の制服はアメリカの進駐軍婦人部隊の掃い下げだった）を着て賞状を前に微笑む写真とともに正田美智子さんが紹介された。論文のタイトルは「虫くいのリンゴではない」。その一部をご紹介しよう。

〈（前略）私の〝はたちのねがい〟――それは私達年齢の人々が過去の生活から暗い未来を予想するのを止め、未来に明るい夢を託して生きることです。それは同時に、現在を常に生活の変わり目として忠実に生きることでもありましょう。現在は過去から未来へと運命の道を流れて行く過程の一つでなく、現在を如何に生きるかによって、さまざまな明日が生まれて来る事を信じようと思います。（以下略）〉

この懸賞論文には日本中から多くの学生が応募していたが、カトリック系大学の学生からの応募は珍しかったのではないかと思う。その積極性や行動力、そして第二席に入選してしまう実力に驚いた。聖心に通う友人から「正田美智子さん」という名前をすでに耳にしていた筆者は、紙面を見ながら「すごい方がいらっしゃる」と思ったことを覚えている。その正田美智子さんが皇太子妃になられた。お友達のお友達が、畏れ多くも皇太子妃になる。そうした奇遇も、筆者が美智子さまにご縁を覚える由縁となった。

一九五七（昭和三十二）年、日本テレビに入社したての筆者は、母への親孝行のつもりで京橋のカサイ写真館に見合い写真を撮りに行った。昔は、年頃の娘の見合い写真を準備するのが母親の仕事であったのだ。戦前から戦後にかけて、東京で見合い写真に定評がある写真館といえば「半蔵門の東条」と「京橋のカサイ」だった。写真の仕上げにそれぞれ特徴があり、東条はおおらかなお嬢さんをきりりと知的に、カサイは知的な印象のお嬢さんを優しく見せるといわれていた。

カサイ写真館の壁には、選りすぐりの令嬢の写真が飾られていた。当時の見合い写真といえば和服が主流だったが、たった一枚、洋装の写真がひと際目立っていた。ベルベットの襟がついたシンプルなスーツの半身像（二一頁）。論文入選の記事を覚えていた筆者は、正田美智子さんだとすぐに分かった。写真はモノクロでセピア色仕上げ。亡き母・正田富美子夫人は、学者か外交官に嫁がせたいと考えていたと伺ったことがある。

時は流れ、一九八四（昭和五十九）年四月十日、筆者は日本テレビのチーフプロデューサーとして皇室スペシャル番組「皇太子ご夫妻銀婚式に捧ぐ」を担当した。皇太子殿下と美智子さまのご成婚二十五年にちなみ、二十五人の証言者で番組を構成。視聴率は二二・一％と、報道番組では最高の数字であった。番組制作にあたり、ふとカサイ写真館のことを思い出し、カメラ同行で取材に出向くと、店主は「これは昭和三十年に先代が写しました正田様のお見合い写真でございます。まさかこのお嬢様が皇太子妃にお上がりになるとは……誠に感慨無量でございます」と緊張に震えながら語ってくれた。結果的にスクープとなり、当時見合い写真を撮るよう筆者に勧めた母に感謝したものである。その京橋のカサイ写真館も、道路拡張のため区画整理され今はない。

二〇〇九（平成二十一）年、金婚式もお済ませになった両陛下は、秋も深まった十一月四日、日本記者クラブ設立四十周年のお祝いにお揃いで出席された。会場はプレスセンタービル十階の大広間。皇后さまの出で立ちはベージュ系の色留袖で、十六葉八重表菊の御紋が付いていた。帯、バッグ、お草履、いずれもシルバー系でまとめられていて、クラブ設立四十周年をお祝いする皇后さまの気遣いとお見受けした。

この日、筆者は両陛下懇談係に選ばれる光栄に浴し、三分間のお時間をいただいて、皇后陛下とお話しさせていただいた。その内容は「オフレコ」という指示があり、書くことはできないが、半世紀の長きにわたって美智子さまと関わりを持たせていただけたことを、ありがたく思ったのであった。

二〇一一年八月

渡辺みどり

天皇家および正田家の系図

天皇家

昭和天皇（裕仁《ひろひと》）— 香淳皇后（良子《ながこ》）

秩父《ちちぶ》宮雍仁《やすひと》親王（淳《あつ》宮）—（松平）勢津子《せつこ》

高松《たかまつ》宮宣仁《のぶひと》親王（光《てる》宮）—（徳川）喜久子《きくこ》

三笠《みかさ》宮崇仁《たかひと》親王（澄《すみ》宮）—（高木）百合子《ゆりこ》

正田家

正田貞一郎《ていいちろう》— きぬ

- はる
- 明一郎《めいいちろう》
- 建次郎《けんじろう》
- 英三郎《ひでさぶろう》—（副島《そえじま》）富美子《ふみこ》
  - 巌《いわお》
  - 恵美子《えみこ》
  - 修《おさむ》
- 順四郎《じゅんしろう》
- 郁子《いくこ》
  - 紀子《のりこ》
- 勅子《ときこ》
- 祐子《ゆうこ》
- 篤五郎《とくごろう》
- 千鶴子《ちづこ》
- 和子《かずこ》

昭和天皇・香淳皇后の子

- 成子《しげこ》内親王（照《てる》宮）
- 祐子《さちこ》内親王（久《ひさ》宮）
- 和子《かずこ》内親王（孝《たか》宮）
- 厚子《あつこ》内親王（順《より》宮）
- 天皇（明仁《あきひと》）— 皇后（美智子《みちこ》）
  - 皇太子徳仁《なるひと》親王（浩《ひろ》宮）—（小和田）雅子《まさこ》
    - 愛子《あいこ》内親王
  - 秋篠《あきしの》宮文仁《ふみひと》親王（礼《あや》宮）—（川嶋）紀子《きこ》
    - 眞子《まこ》内親王
    - 佳子《かこ》内親王
    - 悠仁《ひさひと》親王
  - 清子《さやこ》内親王（紀《のり》宮）— 黒田慶樹《くろだよしき》
- 常陸《ひたち》宮正仁《まさひと》親王（義《よし》宮）—（津軽）華子《はなこ》
- 貴子《たかこ》内親王（清《すが》宮）

系図は皇后美智子さまを中心に、主に本書に登場する皇族および正田家の方々で構成。敬称は略しました。

皇后美智子さま　年譜

西暦（和暦）	月	美智子さまの出来事	日本の出来事	世界の出来事
一九三四（昭和九）	十月	正田英三郎氏・富美子さんの長女として、美智子さま誕生（二十日）。	東郷平八郎が死去／室戸台風	満州国、傅儀が皇帝に就く
一九三六（昭和十一）			二・二六事件	
一九三九（昭和十四）	四月	大和郷幼稚園に入園。一家の五反田転居にともない雙葉幼稚園に編入。		ドイツ軍、ポーランドに侵入／第二次世界大戦（〜一九四五）／トルコ地震
一九四一（昭和十六）	三月 四月	雙葉幼稚園卒園。 雙葉小学校に入学。	太平洋戦争開戦	
一九四四（昭和十九）	六月	神奈川県藤沢・乃木高等女学校附属小学校に転校。		
一九四五（昭和二十）	三月 六月	群馬県館林南国民学校に転校。 軽井沢に移り、同地の軽井沢東国民学校に転校。	東京大空襲／広島・長崎に原爆投下／第二次世界大戦、太平洋戦争終結	
一九四七（昭和二十二）	一月 三月 四月	雙葉小学校に復学。 雙葉小学校卒業。 聖心女子学院中等科入学。	日本国憲法施行	
一九五〇（昭和二十五）	三月 四月	聖心女子学院中等科卒業。 聖心女子学院高等科入学。		
一九五一（昭和二十六）			サンフランシスコ平和条約、日米安保条約に調印	
一九五三（昭和二十八）	三月 四月	聖心女子学院高等科卒業（十六日）。 聖心女子大学文学部（外国語外国文学科）入学。		
一九五五（昭和三十）	一月	読売新聞公募「はたちのねがい」で第二席入選。		アジア・アフリカ会議
一九五七（昭和三十二）	三月 八月	聖心女子大学卒業（十五日）。 軽井沢にて、皇太子殿下と初めてテニスで対戦。美智子さまの組が勝利（十九日）。		
一九五八（昭和三十三）	夏 九月 十一月	皇太子さまとの結婚の話が内々で正田家に伝えられる。 ブリュッセルでの第一回聖心学院同窓生国際会議に日本代表として出席のため、羽田を出発（三日）。 正田家より婚約受諾の旨伝える（十二日）。皇室会議で、美智子さまの皇太子妃が決定（二十七日）。	東京タワー完工	
一九五九（昭和三十四）	一月 四月 九月	お妃教育が始まる（十三日）。 皇太子さま、美智子さまとご成婚（十日）。 美智子さまの懐妊を発表（十五日）。	後楽園球場で史上初の天覧試合（巨人―阪神）／伊勢湾台風	キューバでカストロが首相に就任／日本を含む十二カ国が南極条約を採択

1959（昭和34）年、結婚の儀にのぞむ皇太子殿下と美智子さま。

一九六〇（昭和三十五）	二月　宮内庁病院で浩宮さま誕生（二十三日）。 四月　皇太子夫妻の結婚記念寄付金が「こどもの国」の建設費に（二十九日）。 七月　プロ野球パ・リーグ、大毎―南海戦を夫妻揃って初観戦（後楽園球場、十七日）。 六月　皇太子一家、東宮御所へ移る（十八日）。 九月　皇太子夫妻、アメリカ訪問へ出発。夫妻で初めての海外公務（二十二日～翌月七日）。 十一月　皇太子夫妻、イラン、エチオピア、インド、ネパールを訪問（十二日～翌月九日）。	新安保条約に調印、条約に反対する全学連主流派が警官隊と衝突	コンゴ共和国独立／ローマ五輪／キューバ、中国と国交樹立／アフリカ大陸で多くの国が独立（アフリカの年）／ベトナム戦争（～一九七五）
一九六一（昭和三十六）	七月　美智子さま、結婚記念のパレス・オープン・テニストーナメントに初出場で優勝（十四日）。	第二室戸台風	米、キューバとの国交断絶／米、ケネディ大統領就任／ソ連のユーリ・ガガーリン少佐が世界最初の宇宙飛行に成功／南アフリカ共和国が誕生し、アパルトヘイト（人種隔離政策）を推進
一九六二（昭和三十七）	一月　皇太子夫妻、パキスタン、インドネシアを訪問（二十二日～翌月十日）。 九月　皇太子夫妻、岡山市で開催の第十七回国体開会式に出席（十八日）。 十一月　皇太子夫妻、フィリピンを訪問（五～十日）。 美智子さま、聖心女子学院で開かれたガール・スカウト・ラリーに出席（十八日）。	三河島事故	アルジェリア独立／中印国境紛争／キューバ危機
一九六三（昭和三十八）	三月　美智子さまの懐妊を発表（四日）。美智子さま、流産の処置のため入院（二十二日）。 四月　美智子さま、葉山御用邸で静養（十七日～七月二日）。七月八日から、一家で軽井沢のホテルで静養。	吉展ちゃん事件／吉田茂首相が政界引退を表明／鶴見事故／福岡県大牟田市の三井三池炭鉱で爆発事故	アメリカでワシントン大行進／南ベトナムで軍事クーデター／ケネディ米大統領がダラスで暗殺
一九六四（昭和三十九）	四月　皇太子夫妻、木婚式（十日）。浩宮さま、学習院幼稚園に入園（十三日）。 五月　皇太子夫妻、メキシコを訪問（十～十七日）。 九月　義宮さまと津軽華子さんが結婚、常陸宮家を創立（三十日）。 十月　皇太子夫妻、東京オリンピック開会式に出席（十日）。 十二月　皇太子夫妻、タイを訪問（十四～二十一日）。	新潟地震発生／東京モノレール、浜松町―羽田間開業／東海道新幹線、東京―新大阪間開業／東京オリンピック	パレスチナ解放機構（ＰＬＯ）設立
一九六五（昭和四十）	四月　美智子さまの懐妊を発表（二十二日）。 十月　皇太子夫妻、浩宮さまの出場する学習院幼稚園運動会に出席（三日）。 十一月　礼宮さま誕生（三十日）。	名神高速道路全線開通／佐藤栄作首相、戦後初めて首相として沖縄訪問／朝永振一郎にノーベル物理学賞／いざなぎ景気（～一九七〇）	米で黒人投票権法成立
一九六六（昭和四十一）	二月　美智子さまの高校時代の作詞「ねむの木の子守歌」がレコード化（十八日）。 四月　浩宮さま、学習院初等科に入学（八日）。	私鉄大手十社と国労が戦後最大の交通スト／ビートルズ来日	インドネシア・スカルノ大統領、スハルト陸相に政治権限委譲、失脚／中国で文化大革命（～一九七六）
一九六七（昭和四十二）	五月　皇太子夫妻、ペルー、アルゼンチン、ブラジルを訪問（九～三十一日）。	公害対策基本法制定／上越線新清水トンネル開通／吉田茂元首相の国葬が東京・日本武道館で行われる	米、ベトナムの非武装地帯に「枯れ葉作戦」開始／米・ニュージャージー州で大規模な黒人暴動
一九六八（昭和四十三）	一月　美智子さま、サンパウロ日本文化協会を通じ絵本などをブラジルへ寄贈。 六月　美智子さま、浩宮さまと礼宮さまを連れて「こどもの国」へ（三日）。 七月　皇太子夫妻、広島原爆慰霊碑に参拝（二十六日）。 八月　皇太子夫妻、第五十回全国高校野球選手権大会開会式に出席（九日）。 九月　美智子さまの懐妊を発表（二十四日）。 十一月　皇居新宮殿落成式（十四日）。	東大で卒業式中止／小笠原諸島返還／川端康成にノーベル文学賞／日本南極点踏査旅行隊が日本人として初めて南極点を踏む／三億円事件発生	米黒人解放運動指導者マーティン・ルーサー・キング師が暗殺される／プラハの春／ソ連軍、チェコ領内に侵入／メキシコ五輪

年	月	皇室の出来事	日本の出来事	世界の出来事
一九六九（昭和四十四）	四月	紀宮さま誕生（十八日）。	東大闘争、安田講堂封鎖解除／日本の昭和四十三年度のGNP（国民総生産）が世界二位と発表される	「アポロ11号」が人類史上初の月面着陸に成功
	七月	「母子愛育会チャリティ・コンサート」で美智子さまが初めて作曲した「おもひ子」を発表（十四日）。		
	九月	皇太子夫妻、国体開会式出席のため長崎へ（八日）。		
	十月	美智子さま、肋骨の異常で入院（二十一日～翌月四日）。		
一九七〇（昭和四十五）	二月	皇太子夫妻、マレーシア、シンガポールを訪問（十九～二十八日）。	国産初の人工衛星「おおすみ」の打ち上げに成功／日本万国博覧会開幕／「よど号」事件／三島由紀夫、自衛隊東部方面総監部に押し入り自決	カンボジアで右派クーデター／米、南ベトナム軍がカンボジア侵攻、北爆再開
	四月	礼宮さま、学習院幼稚園に入園（十一日）。		
一九七一（昭和四十六）	一月	葉山御用邸焼失（二十七日）。	日本マクドナルドが東京・銀座三越に一号店を出店	
	四月	昭和天皇・皇后両陛下、初めて広島原爆慰霊碑に参拝（十六日）。		
	六月	皇太子夫妻、アフガニスタン、イラン、タイを訪問（三～十二日）。		
	九月	昭和天皇・皇后両陛下、デンマーク、ベルギー、フランス、英国、オランダ、スイス、西ドイツの七カ国訪問（二十七日～翌月十四日）。		
	十一月	須崎御用邸落成式（五日）。		
一九七二（昭和四十七）	四月	浩宮さま、学習院中等科に入学。礼宮さま、学習院初等科に入学（八日）。	札幌五輪／浅間山荘事件／沖縄の施政権返還／田中角栄内閣発足／日中共同声明に調印、国交樹立／パンダのカンカン、ランランが来日	北アイルランドで「血の日曜日」事件／米ニクソン大統領が訪中し米中国交回復／ミュンヘン五輪
一九七三（昭和四十八）	四月	紀宮さま、私立柿ノ木坂幼稚園に入園（皇族として初の三年保育、十一日）。	金大中事件／モスクワで十七年ぶりの日ソ首脳会談／江崎玲於奈にノーベル物理学賞	ニクソン米大統領がベトナム戦争終結を宣言／第四次中東戦争／オイルショック
	五月	皇太子夫妻、オーストラリア、ニュージーランドを訪問（六～二十三日）。		
	十月	皇太子夫妻、スペイン、ベルギーを訪問（十一～二十二日）。		
一九七四（昭和四十九）	四月	紀宮さま、学習院幼稚園に入園（十三日）。	フィリピン・ルバング島から小野田寛郎元陸軍少尉帰国	トルコ航空のエアバスがパリ北方で墜落し、乗員・乗客全員死亡／モスクワで米ソ首脳会談／ウォーターゲート事件でニクソン米大統領辞任／エチオピアで軍が皇帝廃位、アフリカ最古の王政終焉
一九七五（昭和五十）	二月	皇太子夫妻、ネパール、バングラデシュ、インドを訪問（二十～二十八日）。	沖縄国際海洋博覧会	
	四月	浩宮さま、学習院高等科に入学（七日）。		
	七月	皇太子夫妻、沖縄国際海洋博覧会出席のため初めて沖縄を訪問（十七～十九日）。		
	九月	昭和天皇・皇后両陛下、アメリカ訪問にご出発（三十日～翌月十四日）。		
一九七六（昭和五十一）	四月	紀宮さま、学習院初等科に入学（九日）。	ロッキード事件で田中前首相逮捕	中国、周恩来死去／グアテマラで大地震／先進七カ国首脳会議（サミット）開催／モントリオール五輪／中国、毛沢東主席死去
	六月	皇太子夫妻、ヨルダン、ユーゴスラビア、英国を訪問（八～二十五日）。		

1973（昭和48）年、3人の孫を笑顔で見守るお正月の天皇ご一家。

一九七七（昭和五十二）	六月　救ライ事業団体（財）藤楓協会二十五周年式典で、沖縄の言葉で綴られた皇太子殿下の詩に、美智子さまが作曲した「歌声の響き」が披露（二十五日）。	日本赤軍による、ダッカ日航機ハイジャック事件	
一九七八（昭和五十三）	四月　浩宮さまが学習院大学文学部史学科に、礼宮さまが学習院中等科に入学（八日）。 六月　皇太子夫妻、ブラジル、パラグアイ、アメリカを訪問（十二～二十七日）。	成田空港開港／日中平和友好条約調印	
一九七九（昭和五十四）	十月　皇太子夫妻、ルーマニア、ブルガリア、オランダ、ベルギーを訪問（五～十四日）。		イラン革命／米ペンシルベニア州スリーマイル島原子力発電所で事故／英国のサッチャー党首が先進国初の女性首相に／ソ連軍、アフガニスタンへ侵攻
一九八〇（昭和五十五）	八月　礼宮さま、ニュージーランド訪問（十一～二十四日）。 十一月　三笠宮寛仁さま、麻生信子さんと結婚（七日）。 十二月　浩宮さま、タイ訪問（二十～二十九日）。	日本オリンピック委員会（ＪＯＣ）臨時総会でモスクワ五輪不参加が決定	韓国で光州事件／モスクワ五輪開幕するも米、日、西独、中国など不参加／ポーランドで自主管理労組「連帯」創設／イラン・イラク戦争（～一九八八）
一九八一（昭和五十六）	二月　皇太子夫妻、サウジアラビア、スリランカ、タイ、シンガポールを訪問（二十七日～翌月七日）。 四月　礼宮さま、学習院高等科に入学（七日）。 七月　皇太子夫妻、英国、ベルギーを訪問し、チャールズ皇太子の結婚式に出席（二十六日～翌月二日）。	北炭夕張でガス突出事故／福井謙一に日本人初のノーベル化学賞	レーガン米大統領就任／「スペースシャトル」の打ち上げ成功／英国チャールズ皇太子、ダイアナ・スペンサーと結婚
一九八二（昭和五十七）	四月　浩宮さま、学習院大学大学院人文科学研究科へ進学（八日）。紀宮さま、学習院女子中等科に入学（十日）。	東京のホテル・ニュージャパンで火災	フォークランド戦争／モナコ公国のグレース王妃、自動車事故で死去
一九八三（昭和五十八）	三月　皇太子夫妻、ザンビア、タンザニア、ケニアを訪問（十～二十五日）。	東京ディズニーランドがオープン	フィリピンの野党指導者ベニグノ・アキノ氏、暗殺される
一九八四（昭和五十九）	二月　皇太子夫妻、ザイール、セネガル、ベルギー、英国を訪問（二十五日～翌月八日）。 四月　礼宮さま、学習院大学法学部政治学科入学（八日）。皇太子夫妻、銀婚式（十日）。 十二月　三笠宮憲仁さまと鳥取久子さんが結婚、高円宮家を創立。	登山家植村直己がマッキンリーで遭難／日本人の平均寿命が男女揃って世界一に／一万円（福沢諭吉）、五千円（新渡戸稲造）、千円（夏目漱石）の新札発行	ロサンゼルス五輪で、ルーマニアを除くソ連、東ドイツなど共産圏がボイコット／インドのインディラ・ガンジー首相が暗殺される
一九八五（昭和六十）	二月　皇太子夫妻、スペイン、アイルランド、ポルトガル、英国を訪問（二十三日～翌月九日）。 四月　紀宮さま、学習院女子高等科に入学（九日）。 六月　皇太子夫妻、スウェーデン、デンマーク、ノルウェー、フィンランドを訪問（一～十五日）。	ＮＴＴと日本たばこ産業が発足／日航ジャンボ機が群馬・御巣鷹山山中に墜落	ソ連チェルネンコ共産党書記長が死去し、ゴルバチョフが後任に／アフリカ飢餓救済のためロンドンとフィラデルフィアで史上最大のロックコンサート「ライブ・エイド」開催／メキシコで大地震／プラザ合意
一九八六（昭和六十一）	三月　美智子さま、子宮筋腫で入院、手術を受ける（二十二日～翌月八日）。 十二月　皇太子夫妻、初めての歌集『ともしび』を出版（二十三日）。	伊豆大島の三原山が十二年ぶりに噴火	スペースシャトル「チャレンジャー」号打ち上げ失敗／フィリピンでマルコス独裁政権が崩壊しアキノ大統領誕生／ソ連のチェルノブイリ原子力発電所で事故
一九八七（昭和六十二）	二月　高松宮宣仁さま死去（三日）。 九月　昭和天皇、宮内庁病院に入院。皇太子さまが国事行為臨時代行となる（二十二日）。 十月　皇太子夫妻、アメリカを訪問。留守中は浩宮さまが国事行為臨時代行（三～十日）。	国鉄が分割民営化されＪＲ新会社がスタート	大韓航空機爆破事件

1980（昭和55）年10月、美智子さまと11歳の紀宮さま。

年	月	出来事	日本	世界
一九八八（昭和六十三）	三月	礼宮さまが学習院大学を卒業、浩宮さまが学習院大学大学院人文科学研究科修士課程を修了（二十日）。	青函トンネル開通／瀬戸大橋開通／リクルート事件	米がパナマ新政権に経済制裁／イラン・イラク戦争の停戦が発効／ソウル五輪
	四月	紀宮さま、学習院大学文学部国文学科入学（八日）。		
	五月	美智子さまの母・正田富美子さん死去（二十八日）。		
	九月	昭和天皇が重体に陥り、皇太子さまが国事行為臨時代行となり国事行為を全面委任（二十二日）。		
一九八九（昭和六十四／平成元）	一月	昭和天皇崩御。皇太子さまは天皇に、美智子さまは皇后に、浩宮さまは皇太子に即位（七日）。	臨時閣議で元号を「平成」と定める／消費税導入	ブッシュ米大統領就任式／ソ連軍のアフガン撤退終了／中国で「天安門事件」／ビルマ、国名をミャンマー連邦に／米サンフランシスコで大地震／「ベルリンの壁」撤廃／ルーマニア、チャウシェスク政権崩壊
	二月	天皇陛下、即位後初めて国会開会式に出席。皇后陛下、日本赤十字社名誉総裁に就任（十日）。大喪の礼（二十四日）。		
	八月	天皇皇后両陛下、即位後初の記者会見（四日）。		
一九九〇（平成二）	一月	天皇陛下、「期日奉告の儀」。即位の礼と大嘗祭の期日を宮中三殿に報告（二十三日）。	大阪で「国際花と緑の博覧会」／秋山豊寛記者、ソユーズM11宇宙船で日本人初の宇宙飛行	リトアニア共和国が独立宣言／ソ連憲法を改正し、初代大統領にゴルバチョフ／ペルー大統領に日系のアルベルト・フジモリ就任／イランで大地震／イラク軍がクウェート侵攻／東西ドイツ統一
	四月	天皇皇后両陛下、即位後初の京都へ。京都御所を視察（二十一日）。		
	六月	礼宮さま、川嶋紀子さんと結婚、秋篠宮を創立（二十九日）。		
	十一月	即位の礼（十二日）。大嘗祭（二十二〜二十三日未明）。		
一九九一（平成三）	二月	皇太子さま、立太子の礼（二十三日）。	東京都庁が新宿新庁舎へ引越／牛肉・オレンジ輸入自由化スタート／ソ連ゴルバチョフ大統領来日／雲仙普賢岳で大規模火砕流発生	多国籍軍がイラクへ空爆、湾岸戦争へ／南アフリカ・アパルトヘイト法終結宣言／ソ連「八月クーデター」に失敗、ゴルバチョフが大統領と共産党書記長を辞任し、ソ連共産党が解体／ミャンマーのスーチー女史にノーベル平和賞
	七月	天皇皇后両陛下、長崎県雲仙普賢岳の噴火で被災した住民をお見舞い（十日）。		
	九月	天皇皇后両陛下、タイ、マレーシア、インドネシア訪問（二十六日〜翌月六日）。		
	十月	秋篠宮家に眞子さま誕生（二十三日）。		
一九九二（平成四）	三月	紀宮さま、学習院大学を卒業（二十日）。	ブッシュ米大統領来日／PKO協力法案成立／学校五日制スタート／毛利衛がスペースシャトル「エンデバー」に搭乗し宇宙へ	ECがユーゴのスロベニア、クロアチア両共和国の独立を承認／アルベールビル五輪／セルビアとモンテネグロが新ユーゴ連邦を結成／地球サミット（リオ・デ・ジャネイロ）／バルセロナ五輪
	十月	天皇皇后両陛下、中国を訪問（二十三〜二十八日）。		
一九九三（平成五）	四月	天皇皇后両陛下、即位後初の沖縄訪問（二十三日）。	プロサッカー、Jリーグ開幕／五十五年体制崩壊	クリントン米大統領就任／ニューヨークの世界貿易センタービルで爆破テロ／カンボジア、暫定政権樹立で合意／グアム島で大地震／イスラエルとPLOがパレスチナ暫定自治調印
	六月	皇太子さま、小和田雅子さんと結婚（九日）。		
	七月	天皇皇后両陛下、北海道南西沖地震で被害のあった奥尻島などをお見舞い（二十七日）。		
	十月	美智子さま、誕生日の祝賀行事の出発前に倒れ不参加、失声症を患う（二十日）。		
	十二月	天皇陛下、還暦（二十三日）。		

1990（平成2）年、即位礼で正装をされた美智子さま。

1993（平成5）年、史上2人目の民間出身の皇太子妃が誕生。

一九九四（平成六）	一月	新春一般参賀、平成で最高の十一万人（二日）。	松本サリン事件／関西国際空港開港／北海道東方沖地震／大江健三郎にノーベル文学賞	米ロサンゼルスで大地震／リレハンメル五輪／北朝鮮の金日成主席、死去
	二月	天皇皇后両陛下、硫黄島など小笠原諸島へ（十二〜十四日）。美智子さまの声が回復と発表（十八日）。		
	五月	皇后陛下、全国赤十字大会に出席しスピーチ（前年十月以来公の場で初めて、十八日）。		
	六月	天皇皇后両陛下、アメリカを訪問（十〜二十六日）。		
	十月	天皇皇后両陛下、広島アジア大会開会式に出席後、フランス、スペイン訪問（二〜十四日）。美智子さま、還暦（二十日）。		
	十二月	秋篠宮家に佳子さま誕生（二十九日）。		
一九九五（平成七）	一月	阪神淡路大震災の被災地を見舞う。春の園遊会中止（三十一日）。	阪神淡路大震災／地下鉄サリン事件	
	六月	天皇陛下、大腸ポリープの摘出手術（二十七日）。		
	七月	戦後五十年の「慰霊の旅」で長崎（二十六日）、広島（二十七日）、沖縄（八月二日）、東京都慰霊堂（八月三日）を訪問。		
一九九六（平成八）	十二月	ペルー日本大使館人質事件に配慮し、天皇誕生日の祝賀行事を中止（二十三日）。		ペルー日本大使館人質事件
一九九七（平成九）	四月	美智子さまの歌集『瀬音』が出版（十日）。		
	五月	天皇皇后両陛下、ブラジル、アルゼンチンを訪問（三十日〜翌月十三日）。		
一九九八（平成十）	二月	長野冬季オリンピック開会式に出席、競技を観戦（七日）。	長野五輪	
	三月	長野パラリンピックの競技を観戦（十一〜十二日）。		
	五月	天皇皇后両陛下、英国、デンマーク訪問（二十三日〜翌月五日）。		
一九九九（平成十一）	六月	美智子さまの父、正田英三郎氏死去（十八日）。	国旗・国歌法成立	ＮＡＴＯ軍、ユーゴスラビア空爆
	七月	宮内庁、ホームページを開設。		
	十一月	政府主催の「天皇陛下御在位十年記念式典」に出席（十二日）。		
二〇〇〇（平成十二）	五月	天皇皇后両陛下、オランダ、スウェーデンを訪問（二十日〜翌月一日）。	沖縄サミット	
	六月	香淳皇后薨去（十六日）。		
二〇〇一（平成十三）	七月	天皇皇后両陛下、火山活動が続く伊豆諸島の新島、神津島、三宅島を視察（二十六日）。	第一次小泉内閣	米で同時多発テロ発生／アフガニスタン戦争
	十二月	皇太子夫妻に敬宮愛子さま誕生（一日）。		
二〇〇二（平成十四）	七月	天皇皇后両陛下、初の東欧訪問となるポーランド、ハンガリーへ（六〜二十日）。	サッカー・ワールドカップ日韓大会	
	九月	美智子さま、スイスへ。バーゼルでのＩＢＢＹ（国際児童図書評議会）創立五十周年記念大会でスピーチ。歴代皇后で初の単独海外訪問（二十八日〜翌月三日）。		
二〇〇三（平成十五）	一月	天皇陛下、東大医学部附属病院に入院し、前立腺がんの手術（十八日〜翌月八日）。		イラク戦争勃発（〜二〇一〇）
	十一月	天皇皇后両陛下、鹿児島県訪問。即位後十五年間で、四十七都道府県訪問を達成（十四日）。		
二〇〇四（平成十六）	五月	皇太子さま、会見で「人格否定発言」（十日）。	新潟県中越地震	スマトラ島沖地震
	七月	宮内庁、雅子さまが「適応障害」と診断を受けたと発表（三十日）。		
	十一月	天皇皇后両陛下、新潟県中越地震の被災地を見舞う（六日）。		

二〇〇五（平成十七）	五月	天皇皇后両陛下、ノルウェーを訪問（七～十四日）。	小泉純一郎首相の私的諮問機関「皇室典範に関する有識者会議」が、女性・女系天皇容認、皇位継承は「第一子優先」とする最終報告書を提出	
	六月	天皇皇后両陛下、戦後六十年。「慰霊の旅」でサイパン島を訪問（二十七～二十八日）。		
	十一月	紀宮さま、黒田慶樹さんと結婚（十五日）。		
二〇〇六（平成十八）	六月	天皇皇后両陛下、シンガポール、タイを訪問（八～十五日）。	政府、与党が皇室典範改正案の国会提出を見送る方針を固める	
	九月	秋篠宮家に悠仁さま誕生（六日）。		
二〇〇七（平成十九）	五月	天皇皇后両陛下、スウェーデン、エストニア、ラトビア、リトアニア、英国を訪問（二十一～三十日）。	新潟県中越沖地震	
	八月	新潟県中越沖地震の被災地を見舞う（八日）。		
二〇〇八（平成二十）	十二月	天皇陛下、不整脈が確認され（二日）、検査と休養のため一部の公務を取りやめ（三～五日）。九日、宮内庁が胃と十二指腸の炎症を発表。誕生日会見を中止。	北海道洞爺湖町で第三十四回主要国首脳会議（G8サミット）	インドネシア・スマトラ島で地震／米の証券会社リーマン・ブラザーズの経営破綻から世界的金融危機に
二〇〇九（平成二十一）	一月	新年一般参賀でベランダに立つ回数を七回から五回へ減らす（二日）。天皇皇后両陛下、即位から二十年（七日）。宮中祭祀を含む公務、「おことば」の軽減策を宮内庁が発表（二十九日）。		バラク・オバマが黒人初のアメリカ合衆国大統領に就任／オーストラリア・メルボルン近郊で大規模な山火事／世界保健機関（WHO）が新型インフルエンザのパンデミック宣言／米の歌手マイケル・ジャクソンが死亡
	四月	天皇皇后両陛下、金婚式（十日）。		
	七月	天皇皇后両陛下、カナダ及びアメリカ合衆国（ハワイ州）公式訪問（三～十七日）。		
	十一月	天皇陛下御即位二十年をお祝いする国民祭典（十二日）。		
二〇一〇（平成二十二）	二月	天皇陛下ご不例のため、両陛下、葉山御用邸での静養の予定を変更し御所内で静養（三日）。	小惑星探査機はやぶさが地球に帰還／尖閣諸島中国漁船衝突事件／名古屋で第十回生物多様性条約締約国会議（COP10）	ハイチ地震／バンクーバー五輪／タイで政府治安部隊と反政府派が衝突／上海万博／サッカー・ワールドカップ南アフリカ大会／チリで鉱山落盤事故／ミャンマー、アウンサンスーチーの自宅軟禁が七年半ぶりに解除
	十月	天皇皇后両陛下、奈良県行幸啓。平城遷都一三〇〇年記念祝典ご臨席、あわせて地方事情視察（七～十日）。皇后陛下、結膜下出血につき一部日程をお取りやめ。		
二〇一一（平成二十三）	三月	天皇陛下、東北地方太平洋沖地震（東日本大震災）に関するビデオメッセージ（十六日）。宮内庁、東日本大震災の避難者に那須御用邸職員用風呂の開放を始める（二十六日）。天皇皇后両陛下、東日本大震災にともなう避難者をお見舞い（東京武道館、三十日）。	東日本大震災／サッカー女子ワールドカップ・ドイツ大会で日本が初優勝	中東諸国で民主化運動が多発／中国のGDP、日本を抜き世界第二位が確実に／ニュージーランド・クライストチャーチ地震／ノルウェー連続テロ事件
	四月	天皇皇后両陛下、東日本大震災にともなう避難者をお見舞い（埼玉県加須市、八日）。天皇皇后両陛下、東日本大震災にともなう被災地（千葉県旭市）お見舞い（十四日）。天皇皇后両陛下、東日本大震災にともなう被災地（茨城県）お見舞い（二十二日）。天皇皇后両陛下、東日本大震災にともなう被災地（宮城県）お見舞い（二十七日）。		
	五月	天皇皇后両陛下、東日本大震災にともなう被災地（岩手県）お見舞い（六日）。天皇皇后両陛下、東日本大震災にともなう被災地（福島県）お見舞い（十一日）。		

2011（平成23）年、皇居内の御養蚕所でご給桑になる皇后陛下。

［参考文献］

『天皇への道―明仁陛下の昭和史』吉田伸弥著（読売新聞社）
『天皇家の宿題』岩井克己著（朝日新聞社）
『歩み　皇后陛下お言葉集』宮内庁侍従職監修（海竜社）
『橋をかける――子供時代の読書の思い出』美智子著（すえもりブックス）
『入江相政日記』入江為年監修／朝日新聞社編（朝日新聞社）
『ともしび』皇太子同妃両殿下御歌集（婦人画報社）
『瀬音』皇后陛下御歌集（大東出版社）
『還暦記念 皇后美智子さま』毎日新聞社編（毎日新聞社）
『還暦記念写真集 美智子さま』朝日新聞社編（朝日新聞社）
『平成皇室のあゆみ』読売新聞社編（読売新聞社）
『美智子さま「こころの旅路」』渡辺みどり著（大和書房）
『美智子さま　貴賓席の装い』渡辺みどり著（ネスコ）
『皇后美智子さま 愛と喜びの御歌』渡辺みどり著（講談社）

1959（昭和34）年4月10日、皇太子成婚パレード中継のため青山学院構内でスタンバイする著者。

■著者紹介

渡辺みどり（わたなべ・みどり）

1934年、東京都生まれ。ジャーナリスト。早稲田大学卒業後、日本テレビ放送網入社。1980年、ディレクターとしてドキュメント番組「がんばれ太・平・洋—三つ子15年の成長記録」で日本民間放送連盟賞テレビ社会部門最優秀賞受賞。1959年の皇太子成婚パレード中継に関わり皇室報道で活躍。昭和天皇崩御報道の総責任者。1995年、『愛新覚羅浩の生涯—昭和の貴婦人』（読売新聞社／2010年に中央公論新社より文庫化）で第15回日本文芸大賞特別賞受賞。現在、文化女子大学客員教授。主な著書は『美智子皇后の「いのちの旅」』『美智子皇后「みのりの秋（とき）」』『天皇家の姫君たち』『シャネル・スタイル』（以上、文春文庫）、『李方子妃—日韓皇室秘話』（中公文庫）、『英国王室の女性学』『美智子さまのお着物』共著（以上、朝日新聞社）、『美智子さま「こころの旅路」』（大和書房）、『ウィリアム王子とケイト・ミドルトン』（新人物往来社文庫）など多数。

■写真提供
宮内庁
朝日新聞社
毎日新聞社
読売新聞社
共同通信社
主婦と生活社
渡辺みどり

■編集
湯原公浩
杉原真規子

■企画・制作
株式会社インク・インコーポレーション
http://www.ink-inc.co.jp
渡辺郁子
武田陽子

■装丁・デザイン
鷹觜麻衣子

■校正
栗原 功

皇后美智子さま
すべては微笑みとともに

2011年10月20日　初版第1刷発行

著者　渡辺みどり
発行者　坂下裕明
発行所　株式会社 平凡社
〒112-0001　東京都文京区白山2-29-4
電話　03-3818-0913（編集）　03-3818-0874（営業）
振替　00180-0-29639
ホームページ　http://www.heibonsha.co.jp/
印刷所　株式会社東京印書館
製本所　大口製本印刷株式会社

ISBN978-4-582-83543-4　C0023
NDC 分類番号288.44　B5判（18.2cm）　総ページ128

落丁・乱丁本はお取り替えしますので、小社読者サービス係まで直接お送りください（送料小社負担）。